आर. गुप्ता® कृत

भारतीय रेलवे

—एक परिचय

रमेश पब्लिशिंग हाउस, नई दिल्ली

प्रकाशक:

ओ॰पी॰ गुप्ता, **रमेश पब्लिशिंग हाउस**

प्रशासनिक कार्यालयः

12-H, न्यू दरियागंज रोड, ऑफिसर्स मेस के सामने, नई दिल्ली-110002 ① 23261567, 23275224, 23275124

E-mail: info@rameshpublishinghouse.com
Website: www.rameshpublishinghouse.com

विक्रय केन्द्रः

● बालाजी मार्किट, नई सड़क, दिल्ली-6 ① 23253720, 23282525

● 4457, नई सड़क, दिल्ली-6, ① 23918938

5th Edition: 1804

Book Code: R-1235

ISBN: 978-81-7812-927-3

विषय सूची

1. भारतीय रेल: भूमिका 7

2. भारतीय रेल: स्मरणीय तथ्य 9

3. भारतीय रेल का संरचनात्मक ढांचा 12

4. राष्ट्रीय रेल विकास योजना (RRVY) 15

5. पर्यटक रेलगाड़ियां 17

6. पहाड़ी रेल सेवाएं 22

7. कोंकण रेलवे 27

8. मेट्रो रेल सेवाएं 29

9. रेलवे की अति महत्त्वाकांक्षी योजनाएं 34

10. भारतीय राज्यों में रेलवे की स्थिति 42

11. भारत की प्रथम तीव्र-गति रेल परियोजना 51

12. भारतीय रेल का सफरनामा 54

13. विविध तथ्य 69

14. बहु विकल्पीय प्रश्नोत्तर 78

———————

भारतीय रेल

1 | भारतीय रेलः भूमिका

भारतीय रेलवे देश में यात्री और माल परिवहन का सबसे महत्त्वपूर्ण साधन है। भारत में सर्वप्रथम मद्रास में रेल परिवहन की स्थापना का सुझाव 1832 ई. में दिया गया था। गवर्नर लार्ड हार्डिंग प्रथम (1844-1848 ई.) के समय में 1844 ई. में निजी कंपनियों को रेलवे नेटवर्क (Railway Network) की स्थापना करने की अनुमति प्रदान की गई।

उपलब्ध ऐतिहासिक तथ्यों के अनुसार यह माना जाता है कि भारत में पहली यात्री रेलगाड़ी 16 अप्रैल, 1853 ई. को बंबई (मुंबई) से थाणे के मध्य 34 किलोमीटर के छोटे से रेलमार्ग पर चलाई गई किंतु IIT रूड़की के पुस्तकालय में उपलब्ध लंदन के प्रकाशन संस्थान 'स्मिथ एण्ड एंडरसन' द्वारा 1806 ई. में प्रकाशित पुस्तक 'द रिपोर्ट ऑन गंगा कैनाल' के अनुसार गंगा नहर के निर्माण के लिए निर्माण सामग्री की ढुलाई हेतु रूड़की व पीरान कलियर के मध्य 22 दिसंबर 1851 ई. से सितंबर 1852 ई. तक भारत में पहली रेलगाड़ी चलाई गई थी।

भारत में रेलवे नेटवर्क के विकास के संबंध में लार्ड हार्डिंग प्रथम के प्रयासों के परिणामस्वरूप 1844 ई. के बाद के कुछ वर्षों में ब्रिटेन के बहुत से निवेशकों ने भारत में रेल नेटवर्क की तीव्र गति से विकास में अपनी अभिरुचि दिखाई। ब्रिटिश सरकार ने निजी निवेशकों को रेलवे कंपनियों की स्थापना करने के लिए अनेक प्रोत्साहनों की घोषणा की। 1895 ई. में भारत में पहली बार लोकोमोटिव (Locomotive) का निर्माण हुआ तथा 1896 ई. में भारत ने युगांडा में रेल परिवहन की स्थापना करने के लिए इंजीनियर तथा लोकोमोटिव्स भेजे। **मार्च, 1905 ई. में भारत में भारतीय रेलवे बोर्ड की स्थापना की गई।** 1907 ई. में सरकार ने सभी निजी रेल कंपनियों का अधिग्रहण (Acquisition) कर लिया। प्रथम विश्व युद्ध के दौरान भारत में रेलवे के विकास को काफी धक्का पहुँचा था। 1920 ई. में सरकार ने रेलवे के प्रबंधन को अपने हाथों में ले लिया तथा रेल वित्त को अन्य सरकारी वित्त से अलग कर दिया।

भारत के 1947 के विभाजन के पश्चात् पहली बार 1952 ई. में छह रेलवे जोनों का गठन किया गया। 1955 ई. में रेलवे ने वाष्प इंजन (Steam Engine) के निर्माण पर रोक लगा दी तथा डीजल एवं इलेक्ट्रिक इंजनों (Diesel & Electric Engines) का प्रयोग किया जाने लगा। 1995 में रेल आरक्षण को पूरी तरह कंप्यूटराइज्ड कर दिया गया। बाद के वर्षों में 10 अन्य रेलवे जोनों का गठन किया गया। वर्तमान समय में रेलवे में कुल 17 जोन हैं।

अर्थव्यवस्था में अंतर्देशीय परिवहन का मुख्य माध्यम रेल है। सामाजिक-आर्थिक विकास में इनका महत्त्वपूर्ण योगदान है। यह देश की जीवन-रेखा है। भारतीय रेल विश्व का दूसरा सबसे बड़ा एकल प्रबंधनाधीन और एशिया का सबसे बड़ा रेल नेटवर्क है।

□□□

2 | भारतीय रेलः स्मरणीय तथ्य

- भारत में पहली यात्री रेलगाड़ी 16 अप्रैल, 1853 ई. को बंबई (मुंबई) से थाणे के मध्य चलाई गई। इस रेलमार्ग की कुल लंबाई 34 किमी. थी।

- वर्तमान समय में भारतीय रेलमार्ग की कुल लंबाई लगभग 66,687 किमी. हो गई है।

- भारतीय रेल की प्रतिदिन 12,000 से अधिक रेलगाड़ियां चलती हैं, जबकि रेलवे स्टेशनों की संख्या 7,216 है।

- भारतीय रेल नेटवर्क यूससए, रूस तथा चीन के बाद विश्व का चौथा सबसे बड़ा रेल नेटवर्क है।

- देश की पहली राजधानी एक्सप्रेस रेलगाड़ी 3 मार्च, 1969 से नई दिल्ली-हावड़ा के बीच सप्ताह में दो बार चलाई गई।

- भारतीय रेल का सर्वाधिक लंबा रेलमार्ग डिब्रूगढ़ से कन्याकुमारी तक है (4,233 किमी)। विवेक एक्सप्रेस यह यात्रा 82.30 घंटों में पूरा करती है।

- विश्व का सबसे लंबा रेलवे प्लेटफार्म गोरखपुर (उत्तर प्रदेश) में है, जिसकी लंबाई 1355.4 मी है।

- सोन नदी पर बना नेहरू सेतु बिहार राज्य के रोहतास जिला के डेहरी ऑन सोन नामक स्थान पर देश का सबसे लंबा नदी पर बना रेल पुल है।

- भारतीय रेल की सबसे लंबी सुरंग जम्मू-कश्मीर में बनिहाल से काजीगुंड तक 11 किमी लंबी है।

- चालू हालत में विश्व का सबसे पुराना भाप इंजन (Steam Locomotive) भारत का फेयरी क्वीन (Fairy Queen) है।

- कोलकाता और दिल्ली में भूमिगत रेलवे (Underground Metro Railway) है।

- भारत की सबसे तेज गति से चलने वाली रेलगाड़ी शताब्दी एक्सप्रेस है।
- भारतीय रेलवे दुनिया की आठवीं सबसे बड़ी कर्मचारी नियोक्ता कंपनी (8th Biggest Employee in the world) है।
- भारतीय रेलवे में लगभग 13.34 लाख लोगों को रोजगार मिला हुआ है, जो देश के किसी भी उपक्रम में सबसे अधिक है तथा केन्द्रीय कर्मचारियों की कुल संख्या का 40% है।
- भारतीय रेलवे ट्रैक पर बिना चौकीदार वाले समपारों (Level Crossings) की संख्या लगभग 7,701 है।
- उत्तर रेलवे के अंतर्गत रेलमार्गों की लंबाई सबसे अधिक है। इस मामले में दूसरा स्थान पश्चिम रेलवे का है।
- भारतीय रेलवे के लगभग 35.32% रेलमार्ग, 47.09% चालू पटरियों एवं 48.26% कुल रेल पटरियों का विद्युतीकरण का कार्य संपन्न हो चुका है।
- कोंकण रेलवे महाराष्ट्र में स्थित रोहा स्टेशन तथा कर्नाटक में मंगलौर को जोड़ती है।
- कोंकण रेलवे इंजीनियरिंग की महत्वपूर्ण उपलब्धि है। अपने 760 किमी लंबे रेलमार्ग में यह 146 नदियों तथा नालों से होकर गुजरती है। इस रेलमार्ग पर लगभग 2000 पुलों तथा 92 सुरंगों (Tunnels) का निर्माण किया गया है।
- विश्व के पहले टॉकिंग रेल इंजन (Talking Rail Engine) का निर्माण भारत के चितरंजन रेल इंजन कारखाना (पं. बंगाल) में किया गया। इस अत्याधुनिक इंजन में किसी प्रकार की गड़बड़ी का पता तत्काल लग जाता है।
- भारत के पहले रेल इंजन थॉमसन (Thomson) को IIT रुड़की (उत्तराखंड) में संरक्षित किया गया है।
- रेलवे संबंधी जानकारियों के लिए टेलीफोन नं. 139 पर 'पूछताछ प्रणाली' (रेल संपर्क) शुरू की गई है।
- कश्मीर घाटी की चिनाब नदी पर निर्मित रेलवे पुल दुनिया का सर्वाधिक ऊँचाई पर स्थित पुल है।
- भारत में सबसे पहले रेल 1853 में दौड़ी जबकि चीन में इसके 23 साल बाद यानी 1876 में।
- भारतीय रेलवे का नेटवर्क दुनिया में अमेरिका, रूस और चीन के बाद चौथा सबसे बड़ा नेटवर्क है।
- भारत में पहली इलेक्ट्रिक रेल 3 फरवरी, 1925 को चली थी।
- लखनऊ भारत का सबसे व्यस्ततम स्टेशन है।
- भारत में रेल बजट सर्वप्रथम जॉन मथाई ने प्रस्तुत किया था।

- जम्मू-कश्मीर में बानोप (अनंतनाग) से काजीगुंड रेल सेवा भारतीय रेलवे की सबसे ऊँची ब्रॉडगेज रेल सेवा है। यह समुद्र तल से 5,166 फुट की ऊँचाई पर है।

- कंप्यूटराइज्ड रिजर्वेशन की सेवा नई दिल्ली में 1986 से प्रारंभ हुई।

- भारतीय रेल के शोध विभाग ने प्रणालियों तथा प्रक्रियाओं को डिजिटल और पारदर्शी बनाने के उद्देश्य से 'नई ऑनलाइन विक्रेता पंजीयन प्रणाली' की शुरुआत 9 जनवरी, 2018 को की गई। यह प्रणाली रेलवे की शोध इकाई अनुसंधान डिजाइन एवं मानक संगठन (आर.डी.एस.ओ.) द्वारा तैयार की गई है।

- रेल मंत्रालय ने 6 फरवरी, 2018 को नई दिल्ली में रेलवे अस्पतालों में आयुष सेवाओं को बढ़ावा देने के लिए आयुष मंत्रालय के साथ सहमति-पत्र पर हस्ताक्षर किए। रेल मंत्रालय और आयुष मंत्रालय ने बी.आर. सिंह अस्पताल, पूर्वी रेलवे, पेरंबूर रेलवे अस्पताल, दक्षिण रेलवे, उत्तर रेलवे के केंद्रीय अस्पताल, पश्चिम रेलवे के जे.आर. अस्पताल एवं उत्तर-पूर्वी सीमांत रेलवे के केंद्रीय अस्पताल में आयुष सुविधाओं को बढ़ावा देने का निर्णय किया है।

- भारतीय रेलवे ने 25 दिसंबर, 2017 को मुंबई के यात्रियों के लिए देश की पहली वातानुकूलित उपनगरीय लोकल ट्रेन को हरी झंडी दिखाई। क्रिसमस के अवसर पर शुरू की गई देश की इस पहली वातानुकूलित लोकल ट्रेन को पश्चिम रेलवे के बोरिवली और चर्चगेट के बीच चलाया गया। इस ट्रेन का पूर्ण परिचालन 1 जनवरी, 2018 से आरंभ हो गया।

- यात्रा अनुभव में सुधार के लिए रेल मंत्रालय ने परियोजना स्वर्ण के तहत प्रमुख राजधानी और शताब्दी गाड़ियों को उन्नत बनाने का निर्णय किया है। उन्नत यात्री सुविधाओं, गाड़ियों की सुंदरता और साफ-सफाई के स्तर में सुधार के साथ देश की पहली स्वर्ण राजधानी (गाड़ी नम्बर 12313 नई दिल्ली-सियालदह) की 29 नवंबर, 2017 को नई दिल्ली रेलवे स्टेशन से शुरुआत की गई।

- भारतीय रेलवे द्वारा 7 नवंबर, 2017 से स्वर्ण परियोजना के तहत नई दिल्ली से काठगोदाम तक पहली ट्रेन चलाई गई। यह शताब्दी एक्सप्रेस ट्रेन है जिसे स्वर्ण परियोजना के तहत चलाया गया। इस परियोजना के तहत शताब्दी और राजधानी ट्रेनों का नवीनीकरण किया जा रहा है। रेल मंत्रालय द्वारा जारी जानकारी के अनुसार स्वर्ण परियोजना का उद्देश्य यात्रा को आरामदायक एवं सुविधाजनक बनाना है।

□□□

3 भारतीय रेल का संरचनात्मक ढांचा

रेलमंत्री : केंद्रीय रेलमंत्री भारतीय रेल के संगठनात्मक ढांचा के सर्वोच्च शिखर पर होता है।

रेलवे बोर्ड : रेलवे बोर्ड रेलमंत्री के प्रति उत्तरदायी होता है। रेलवे बोर्ड के तहत एक चेयरमेन तथा छह अन्य सदस्य होते हैं।

रेलवे जोन : वर्तमान समय में कुल 17 रेलवे जोन हैं। जिसका प्रमुख General Manager (GM) होता है। प्रत्येक जोन रेलवे बोर्ड के अधीन होता है। जोन मंडल (Divisions) में विभाजित होते हैं जिसका मुखिया Divisional Railway Managers (DRM) होता है।

रेलमंत्रालय के प्रशासनिक नियंत्रण के तहत सार्वजनिक क्षेत्र (PSU) के 11 प्रमुख उपक्रम हैं—

1. रेल इंडिया टेक्निकल एण्ड इकनॉमिक सर्विसेज लिमिटेड (राइट्स)
   (Rail India Technical And Economic Services Ltd.-RITES)
2. इंडिया रेलवे कंस्ट्रक्शन इंटरनेशनल लिमिटेड (इरकॉन)
   (India Railway Construction International Ltd-IRCON)
3. इंडियन रेलवे फाइनेंस कॉर्पोरेशन लिमिटेड
   (Indian Railway Finance Corporation Ltd.-IRFCL)
4. कंटेनर कॉर्पोरेशन ऑफ इंडिया लिमिटेड
   (Container Corporation of India Ltd.-CONCOR)
5. कोंकण रेलवे कॉर्पोरेशन लिमिटेड
   (Konkan Railway Corporation Ltd.-KRCL)
6. इंडियन रेलवे कैटरिंग एण्ड टूरिज्म कॉर्पोरेशन लिमिटेड
   (Indian Railway Catering and Tourism Corporation Ltd.-IRCTC)
7. रेलटेल कॉर्पोरेशन ऑफ इंडिया लिमिटेड
   (Railtel Corporation of India Ltd.- Rail Tel)
8. मुंबई रेल विकास निगम लिमिटेड
   (Mumbai Rail Vikas Corporation Ltd.-MRVCL)

9. डेडीकेटेड फ्रेट कॉरिडोर कॉर्पोरेशन ऑफ इंडिया लिमिटेड

(Dedicated Freight Corridor Corporation of India Ltd.-DFCCIL)

10. रेल विकास निगम लिमिटेड

(Rail Vikas Nigam Ltd.-RVNL)

11. भारत वैगन एवं इंजीनियरिंग कंपनी लिमिटेड

रेलवे सूचना प्रणाली केंद्र (Centre For Railway Information System-CRIS) की स्थापना रेलवे की विभिन्न कंम्यूटरीकृत परियोजनाओं को तैयार करने और उन्हें लागू करने के लिए एक पंजीकृत सोसाइटी के रूप में की गई है।

रेलवे क्षेत्र एवं मुख्यालय
(Railway Zones & Their Headquarters)

वर्तमान समय में भारत में 17 रेलवे जोन (Railway Zone) हैं। रेलमार्गों की सर्वाधिक लंबाई उत्तरी रेलवे के अंतर्गत है। इस संबंध में दूसरा स्थान पश्चिमी रेलवे का है।

रेलवे जोन एवं मुख्यालय

क्र. सं.	जोन	मुख्यालय एवं कार्य प्रारंभ होने की तिथि	अधीन क्षेत्र
1.	मध्य रेलवे (CR)	मुंबई वी.टी. (सी.एस.टी.) 5 नवंबर, 1951	मुंबई, भुसावल, नागपुर, पुणे, शोलापुर
2.	पूर्वी रेलवे (ER)	कोलकाता, 14 अप्रैल, 1952	हावड़ा-I, हावड़ा-II, सियालदह, आसनसोल, मालदा
3.	उत्तरी रेलवे (NR)	नई दिल्ली, 14 अप्रैल, 1952	दिल्ली-I, दिल्ली-II, अंबाला, फिरोजपुर, लखनऊ, मुरादाबाद
4.	पूर्वोत्तर रेलवे (NER)	गोरखपुर, 14 अप्रैल, 1952	इज्जतनगर, लखनऊ, वाराणसी
5.	पूर्वोत्तर सीमांत रेलवे (NFR)	मालेगांव, गुवाहाटी, 15 जनवरी, 1958	अलीपुर द्वार, कटिहार, लामर्डींग, तिनसुकिया, रांगिया
6.	दक्षिण रेलवे (SR)	चेन्नई, 14 अप्रैल, 1951	चेन्नई, मदुरई, पालघाट, तिरूचिरापल्ली, त्रिवेंद्रम

7.	दक्षिण मध्य रेलवे (SCR)	सिकंदराबाद, 2 अक्टूबर, 1966	सिकंदराबाद, हैदराबाद, गुंटकल, नानदेड़, विजयवाड़ा
8.	दक्षिण-पूर्व रेलवे (SER)	कोलकाता, 1 अगस्त, 1955	आद्रा, चक्रधरपुर, खड़गपुर, रांची, शालीमार
9.	पश्चिमी रेलवे (WR)	मुंबई चर्चगेट, 5 नवम्बर, 1951	बी.सी.टी., बड़ौदा, रतलाम, अहमदाबाद, राजकोट, भावनगर
10.	पूर्वी-मध्य रेलवे (ECR)	हाजीपुर, 1 अक्टूबर, 2002	दानापुर, धनबाद, मुगलसराय, सोनपुर, समस्तीपुर
11.	उत्तर-पश्चिमी रेलवे (NWR)	जयपुर, 1 अक्टूबर, 2002	जयपुर, अजमेर, बीकानेर, जोधपुर
12.	पूर्वी तटीय रेलवे (ECoR)	भुवनेश्वर, 1 अप्रैल, 2003	खुर्दारोड, संभलपुर, वाल्टेयर
13.	उत्तर-मध्य रेलवे (NCR)	इलाहाबाद, 1 अप्रैल, 2003	इलाहाबाद, आगरा, झांसी
14.	दक्षिण-पूर्व-मध्य रेलवे (SECR)	बिलासपुर, 5 अप्रैल, 2003	बिलासपुर, नागपुर, रायपुर
15.	दक्षिण-पश्चिम रेलवे (SWR)	हुबली, 1 अप्रैल, 2003	हुबली, बंगलुरू, मैसूर एफए/एफ/वाईएनके
16.	पश्चिम-मध्य रेलवे (WCR)	जबलपुर, 1 अप्रैल, 2003	जबलपुर, भोपाल, कोटा
17.	मेट्रो रेलवे	कोलकाता, 29 दिसम्बर, 2010	कोलकाता

❏❏❏

4 | राष्ट्रीय रेल विकास योजना (RRVY)

जनवरी, 2003 में रेलवे नेटवर्क को मजबूत बनाने के लिए रेल विकास निगम लिमिटेड (RVNL) की स्थापना की गई। राष्ट्रीय रेल विकास योजना का संचालन इसी निगम के माध्यम से किया जा रहा है। राष्ट्रीय रेल विकास योजना के तहत तीन परियोजनाएं शामिल हैं–

1. **बंदरगाहों से द्रुत संपर्क योजना :** इस परियोजना के तहत निर्यात व्यापार को सुदृढ़ बनाने के लिए बंदरगाहों से जुड़े रेलमार्गों को सुदृढ़ किया जाएगा तथा आवश्यकतानुसार नई रेल लाइनें बिछाई जाएंगी।

2. **स्वर्णिम चतुर्भुज योजना :** इसके तहत चार महानगरों दिल्ली, कोलकाता, मुंबई व चेन्नई को जोड़ने वाली हाई डेन्सिटी वाली रेलमार्गों का दोहरीकरण तथा आवश्यकतानुसार अतिरिक्त रेल लाइनें बिछाने का कार्य किया जाएगा। साथ ही मालगाड़ियों की गति को बढ़ाकर 100 किमी/घंटा करने तथा टर्मिनलों व जंक्शन स्टेशनों के नवीनीकरण आदि के कार्य भी इसके तहत संपादित किए जाएंगे।

3. **महासेतु निर्माण योजना :** इसके तहत चार महासेतुओं के निर्माण की योजना शामिल है। चार पुलों में **गंगा नदी** पर दो पुलों—**पहला** पटना के निकट दीघा-सोनपुर के मध्य एवं **दूसरा**, मुंगेर एवं खगड़िया के मध्य निर्मित किया जा रहा है। गंगा नदी पर बनने वाले ये दोनों पुल रेल-सह-सड़क पुल (Rail-Cum-Road Bridge) हैं। **तीसरा**, ब्रह्मपुत्र नदी पर डिब्रुगढ़ के निकट बोगीबल (असोम) तथा **चौथा** कोसी नदी पर निर्मली व भपतियाही के बीच निर्मित किया जा रहा है।

ISO प्रमाणन प्राप्त रेलगाड़ियां

उत्कृष्ट सेवाएं प्रदान करने के लिए देश की 13 रेलगाड़ियों के जोड़ों को ISO प्रमाणन दिसंबर, 2004 के अंत तक प्रदान किया जा चुका है। इनमें 3-3 रेलगाड़ियां उत्तर रेलवे (NR), मध्य रेलवे (CR) एवं उत्तर-मध्य रेलवे (NCR) की तथा 4 रेलगाड़ियां पश्चिम मध्य रेलवे (WCR) की हैं। इन रेलगाड़ियों के नाम निम्नलिखित हैं—

उत्तर-रेलवे (NR)

(गाड़ी संख्या)	
12003-12004	1. नई दिल्ली-लखनऊ, शताब्दी एक्सप्रेस
12055-12056	2. देहरादून-नई दिल्ली जनशताब्दी एक्सप्रेस
12229-12230	3. लखनऊ-नई दिल्ली लखनऊ मेल

मध्य रेलवे (CR)

(गाड़ी संख्या)	
12123-12124	4. डक्कन क्वीन एक्सप्रेस
12051-12052	5. जनशताब्दी एक्सप्रेस
12137-12138	6. पंजाब मेल

उत्तर-मध्य रेलवे (NCR)

(गाड़ी संख्या)	
12417-12418	7. प्रयागराज एक्सप्रेस
12279-12280	8. ताज एक्सप्रेस
11107-11108	9. बुंदेलखंड एक्सप्रेस

पश्चिम-मध्य रेलवे (WCR)

(गाड़ी संख्या)	
12155-12156	10. शान-ए-भोपाल
12185-12186	11. रेवांचल एक्सप्रेस
11471-11472	12. जबलपुर-भोपाल ओवरनाइट एक्सप्रेस
12059-12060	13. कोटा-हजरत निजामुद्दीन जनशताब्दी एक्सप्रेस

❑❑❑

5 | पर्यटक रेलगाड़ियां

पैलेस ऑन व्हील्स
(Palace on Wheels)

'पैलेस ऑन व्हील्स' आर.टी.डी.सी. (RTDC), भारतीय रेलवे, राजस्थान पर्यटन विभाग एवं भारत सरकार के संयुक्त प्रयास से जनवरी, 1982 में प्रारंभ की गई। विशेष धरोहर पर्यटक रेलगाड़ी (Special Heritage Tourist Train) के रूप में प्रारंभ की गई यह रेलगाड़ी राजस्थान में आनेवाले पर्यटकों को राजस्थान के सांस्कृतिक धरोहरों एवं प्राकृतिक स्थलों का भ्रमण कराती है।

इस पर्यटक रेलगाड़ी में आरंभ में उन्हीं बोगियों (Coaches) का प्रयोग किया गया था जिन्हें स्वतंत्रता-पूर्व राजस्थान राजघराने के लोग किया करते थे। बाद में चेन्नई में निर्मित 

नए बोगियों का प्रयोग इसमें किया गया जो पूरी तरह वातानुकूलित (Air-Conditioned-AC) थीं। कुल 14 बोगियों वाली यह रेलगाड़ी पूरी तरह वातानुकूलित डीलक्स सैलून और विश्वस्तरीय सुविधाओं से संपन्न है। डबल बेडेड केबिन (Double Beded Cabins) के साथ 104 बर्थ (Berths) वाली यह गाड़ी, चैनेल म्यूजिक, इंटरकॉम, अटैच टॉयलेट, ठण्डा-गर्म पानी एवं शॉवर (Shower) आदि जैसी सुविधाओं से युक्त है। यात्रियों के सुख-सुविधा का इसमें विशेष ध्यान रखा गया है। साथ ही साथ पर्यटक यात्रियों के खानपान के लिए महाराजा एवं महारानी नामक दो कीमती रेस्त्रां (Restaurants) हैं जिसमें देशी-विदेशी एवं राजस्थानी व्यंजन परोसे जाते हैं।

इस पर्यटक रेलगाड़ी के प्रत्येक बोगी का नामकरण राजस्थान के पूर्व राजपूत राजघरानों के नाम पर रखा गया है तथा उन्हें राजस्थानी शैली में सजाया गया है।

यह रेलगाड़ी अपने आठ दिन और सात रात के यात्रा में राजस्थान के जयपुर, जैसलमेर, जोधपुर, रणथंभौर राष्ट्रीय उद्यान (सेवाई माधोपुर) चित्तौड़गढ़, उदयपुर, केवलादेव पक्षी विहार

"

(भरतपुर), उ.प्र. के फतेहपुर सीकरी एवं ताजमहल जाती है तथा यहां के महत्त्वपूर्ण स्थलों का यात्रियों को दर्शन कराती है।

रॉयल ओरियेंट
(Royal Orient)

यह रेलगाड़ी 1994-95 में प्रारंभ हुई तथा सांस्कृतिक रूप से संपन्न दो राज्यों—गुजरात एवं राजस्थान के मध्य चलती है। सभी आधुनिक सुविधाओं से संपन्न 13 बोगियों (Coaches) वाली यह रेलगाड़ी गुजरात पर्यटन निगम लि. (Tourist Corporation of Gujarat Ltd.) एवं भारतीय रेलवे द्वारा संयुक्त उपक्रम के रूप में परिचालित की जाती है। यात्रियों की सुविधा के लिए इसमें कीमती रेस्त्रां (Restaurants), बार, आरामदायक केबिन तथा पुस्तकालय भी है। यह पर्यटक रेलगाड़ी अपने सात दिन-रात के यात्रा क्रम में पर्यटकों को भारत के महान् मरुस्थल से होते हुए जैन मन्दिर शहर, अरब सागर तट तथा जंगलों का भ्रमण कराती है।

हेरिटेज ऑन व्हील्स
(Heritage on Wheels—HOW)

राजस्थान के शेखावटी क्षेत्र में पर्यटन को बढ़ावा देने के उद्देश्य से अति आधुनिक सुख-सुविधा सम्पन्न एक नई रेलगाड़ी 'हेरिटेज ऑन व्हील्स' (HOW), रेल विभाग ने प्रारंभ की है। राजस्थान पर्यटन विकास निगम (RTDC) और भारतीय रेलवे के साथ संयुक्त भागीदारी में 14 बोगियों (Coaches) से युक्त यह रेलगाड़ी 17 फरवरी, 2006 से प्रारंभ की गई। 'पैलेस ऑन व्हील्स' की तर्ज पर चलने वाली इस रेलगाड़ी में तीन रात व चार दिन की यात्रा के लिए किराया पैलेस ऑन व्हील्स की तुलना में 40-50 प्रतिशत कम रखा गया है।

मीटर गेज (Metre Gauge) की इस रेलगाड़ी का एक फेरा प्रति मंगलवार व शुक्रवार को जयपुर से प्रारंभ होकर बीकानेर, चापर व नवलगढ़ होते हुए जयपुर में समाप्त होता है।

रॉयल राजस्थान ऑन व्हील्स
(Royal Rajasthan on Wheels)

पैलेस ऑन व्हील्स की अपार सफलता से उत्साहित होकर राजस्थान पर्यटन विकास निगम (RTDC) ने **'रॉयल राजस्थान ऑन व्हील्स'** नामक नई रेलगाड़ी का 11 जनवरी, 2009 से परिचालन प्रारंभ किया है। नई दिल्ली के सफदरजंग रेलवे स्टेशन से इसकी यह यात्रा बदले हुए रूट पर जोधपुर, उदयपुर, चित्तौड़गढ़, सवाई माधोपुर, जयपुर, खजुराहो, वाराणसी व आगरा होते हुए सफदरजंग (नई दिल्ली) में ही समाप्त होती है। प्रति सप्ताह एक बार यह यात्रा सम्पन्न की जाती है। यात्रा के दौरान सभी ठहरावों पर पर्यटन स्थलों का भ्रमण इसके यात्रियों को कराया जाता है।

रेलवे की नई नीति के तहत **'रॉयल राजस्थान ऑन व्हील्स'** के संचालन के लिए प्रति फेरा एक निश्चित राशि का भुगतान रेलवे को आर.टी.डी.सी (RTDC-Rajasthan Tourism Development Corporation) द्वारा किया जाता है, जबकि 'पैलेस ऑन व्हील्स' रेवेन्यू शेयरिंग (Revenue Sharing), जिसमें से 56 प्रतिशत भाग रेलवे को तथा शेष 44 प्रतिशत भाग RTDC के आधार पर संचालित है।

फेयरी क्वीन (Fairy Queen)

कोयला से चलने वाला देश का सबसे पुराना भाप लोकोमोटिव (Steam Locomotive) 'फेयरी क्वीन' है। ईस्ट इंडियन रेलवे के लिए इस लोकोमोटिव का निर्माण 1855 में ब्रिटेन की थॉमसन एंड हेरिप्सन कंपनी (Thomson and Haripson Company) ने किया था। इस इंजन का नाम गिनीज बुक में भी दर्ज है। बरसों पूर्व इसे सेवानिवृत कर नई दिल्ली स्थित राष्ट्रीय रेल संग्रहालय (National Rail Museum) में रख दिया गया था। फेयरी क्वीन चालू हालत में विश्व का सबसे पुराना भाप इंजन (Steam Locomotive) है।

गुजरे जमाने के इस भाप लोकोमोटिव को विशेष रूप से सजाई गई पर्यटक गाड़ी के लिए वर्तमान में उपयोग में लाया जा रहा है। यह दिल्ली कैंट से अलवर (राजस्थान) स्थित सरिस्का अभ्यारण्य की सैर कराकर पर्यटकों को वापस दिल्ली छोड़ती है। इसमें 60 सीटों वाली पहले दर्ज की चेयरकार एवं पेंट्रीकार है।

महापरिनिर्वाण एक्सप्रेस
(Mahaparinirvan Express)

बौद्ध सर्किट (Buddha Circuit) के पर्यटकों की आवश्यकताओं की पूर्ति के लिए इंडियन रेलवेज कैटरिंग एंड टूरिज्म कॉर्पोरेशन (IRCTC) द्वारा इस विशेष पर्यटक रेलगाड़ी का मार्च, 2007 से चेन्नई से परिचालन प्रारंभ किया गया।

स्वर्णिम रथ
(Golden Chariot)

यह कर्नाटक की पहली लक्जरी रेलगाड़ी (Luxury Train) है जिसे पूर्व राष्ट्रपति प्रतिभा पाटिल ने 10 मार्च, 2008 को बंगलुरु के यशवंतपुर स्टेशन से रवाना किया। स्वर्णिम रथ नाम की इस रेलगाड़ी को कर्नाटक के प्राचीन इतिहास के आधार पर तैयार किया गया है। प्लाज्मा टीवी एवं अति आधुनिक सुख-सुविधाओं से युक्त इसके बोगियों (Coaches) का नामकरण कर्नाटक के राजवंशों के नाम पर किया गया है। अपने एक सप्ताह के एक फेरे के दौरान यह रेलगाड़ी पर्यटकों को कर्नाटक के प्रमुख पर्यटन स्थलों का भ्रमण कराते हुए गोवा तक ले जाती है तथा एक सप्ताह के अपने फेरे के बाद बंगलुरु वापस होती है।

डेक्कन ओडिसी
(Deccan Odyssey)

महाराष्ट्र में चलने वाली इस रेलगाड़ी का परिचालन राजस्थान की शाही रेलगाड़ी 'पैलेस ऑन व्हील्स' की तर्ज पर आधारित है। 'डेक्कन' ओडिसी नामक इस रेलगाड़ी को प्रधानमंत्री ने 16 जनवरी, 2010 को हरी झंडी दिखाकर मुंबई से रवाना किया।

यह रेलगाड़ी रेल मंत्रालय व महाराष्ट्र के पर्यटन विकास निगम का संयुक्त उपक्रम (Joint Venture) है। इस रेलगाड़ी को चलाने के संबंध में दोनों पक्षों के मध्य 7 फरवरी, 2001 में सहमति ज्ञापन (MoU) पर हस्ताक्षर हुआ था। इस पर्यटक रेलगाड़ी में वातानुकूलित डिब्बे

(AC Coaches), केबल कनेक्शन के साथ टीवी, चैनल म्यूजिक, विदेशी मुद्रा विनिमय सुविधा, वातानुकूलित बार व रेस्त्रां, जिम व योग कक्ष आदि की व्यवस्था है।

मध्य रेलवे (CR) की यह रेलगाड़ी महाराष्ट्र की झांकी पर्यटकों को दिखाती है, जिसमें मुंबई के अतिरिक्त जयगढ़, गणपति फुले, रत्नागिरि, भटयेबीच, सिंधु दुर्ग, तुर्कली, सावंतवाड़ी, गोवा, पुणे, औरंगाबाद, अजंता-एलोरा व नासिक शामिल हैं।

बौद्ध लक्जरी रेलगाड़ी
(The Bauddha Luxury Train)

भारतीय रेलवे की **'बौद्ध लक्जरी रेलगाड़ी'** नामक एक रेल सेवा उत्तर प्रदेश में शुरू करने की योजना है। उत्तर प्रदेश सरकार के सहयोग से भारतीय रेलवे द्वारा चलाई जानेवाली यह गाड़ी 'पैलेस ऑन व्हील्स' के मॉडल पर आधारित होगी। पूरी तरह आधुनिक सुख-सुविधाओं से सुसज्जित इस रेलगाड़ी में एक बार एवं भोजन कक्ष के अतिरिक्त डाक सेवा, नकदी जमा, विदेशी मुद्रा हस्तांतरण एवं टेलिफोन की सुविधा भी होगी। पूरी तरह से पांच सितारा (Five Star) होटलों वाली सुविधाओं से युक्त यह रेलगाड़ी सप्ताह में लखनऊ से आगरा, इलाहाबाद (कौसांबी), गया (भाया राजगीर, नालंदा), पटना (भाया वैशाली), वाराणसी होते हुए गोरखपुर (भाया लुंबनी, कुसीनगर, कपिलवस्तु) तक जाएगी।

भाप इंजन परेड
(Steam Locomotive Parade)

भारतीय रेलवे के कुछ पुराने भाप इंजनों की परेड का आयोजन 2 फरवरी, 2007 को दिल्ली में सफदरजंग रेलवे स्टेशन पर किया गया। इस परेड में शामिल इंजनों में फेयरी क्वीन, पवनदूत, राजहंस, शहंशाह व शेर-ए-पंजाब शामिल थे। इन हेरिटेज स्टीम लोकोमोटिव्स में फेयरी क्वीन का निर्माण 1855 में, पवनदूत का 1930 में, राजहंस का 1943 में, शहंशाह का 1947 में एवं शेर-ए-पंजाब का 1955 में हुआ था।

❏❏❏

6 | पहाड़ी रेल सेवाएं

दार्जिलिंग हिमालयन रेलवे
(Darjeeling Himalayan Railway)

यह भारत की पहली **'हिल रेलवे'** (Hill Railway) है। **खिलौना रेलगाड़ी** (Toy Train) नाम से प्रसिद्ध यह रेलगाड़ी पश्चिम बंगाल के सिलीगुड़ी से दार्जिलिंग के बीच चलाई जाती है। लगभग 1879 से 1881 के मध्य निर्मित यह छोटी रेल लाइन (Narrow Gauge) की सेवा है। इस रेलमार्ग की कुल लंबाई 88 किमी है। इस रेलमार्ग पर 1880 में रेलों का परिचालन प्रारंभ हुआ। प्रारंभ में इसे 'दार्जिलिंग स्टीम ट्रामवे' (Darjeeling Steam Tramway) के नाम से जाना जाता था। 1881 में इसका नाम परिवर्तित कर 'दार्जिलिंग हिमालयन रेलवे' (Darjeeling Himalayan Railway) कर दिया गया।

इस रेलमार्ग की सिलीगुड़ी में ऊंचाई 100 मीटर है जबकि दार्जिलिंग में इसकी ऊंचाई 2,200 मीटर है। **भाप इंजन (Steam Locomotive)** से चलने वाली इस रेलगाड़ी को **UNESCO** ने 2 दिसम्बर, **1999** में अपनी विश्व धरोहर स्थल **(World Heritage Site)** सूची में शामिल कर लिया।

दार्जिलिंग हिमालयन रेलवे : कुछ तथ्य	
स्थापना	: 1881
रेलमार्ग की कुल लम्बाई	: 88 किमी
रेलमार्ग का प्रकार	: नैरो गेज (Narrow Gauge)
यात्रा के लिए निर्धारित समय	: आठ घंटे
प्रयुक्त इंजन	: भाप इंजन (Steam Locomotive)

तीव्र घुमावदार मोड़ों की संख्या	: 04
सर्वाधिक तीव्र घुमावदार बिन्दु	: एजोनी पॉइंट
सर्वाधिक ऊँचाई पर स्थित स्टेशन	: घूम

नोट : इस रेलमार्ग पर स्थित घूम रेलवे स्टेशन एशिया का सर्वाधिक ऊँचाई (समुद्र तल से 2,257.65 मी.) पर स्थित रेलवे स्टेशन है।

कांगड़ा घाटी रेलवे
(Kangra Valley Railway)

कांगड़ा घाटी रेलवे भारतीय रेलवे की अनोखी रेल सेवा है। 1926-29 में निर्मित पालमपुर, पठानकोट, ज्वालामुखी, कांगड़ा एवं जोगिंदर नगर रेलमार्ग से परिचालित इस रेलगाड़ी से हिमालय क्षेत्र का अद्भुत नजारा देखा जा सकता है। इस रेलगाड़ी से हिमालय की घाटियों को देखने पर सांसें रुक-सी जाती हैं।

कांगड़ा घाटी रेलवे में मात्र दो सुरंग (Tunnels) हैं जिसमें एक 250 फीट लंबी जबकि दूसरी 1000 फीट लंबी है। इस रेलमार्ग का मंगवाल से कांगड़ा के बीच का 18 किमी का भाग अनोखा है। पालमपुर से गुजरते समय रेलमार्ग से 10 किमी की दूरी पर स्थित 15,000-16,000 मीटर ऊंची बर्फीली पर्वत श्रृंखला का दर्शन मन को रोमांचित कर देता है।

पालमपुर से आगे यह रेलमार्ग धौलाधार पर्वत श्रृंखला के बर्फ से ढके भाग के एकदम नजदीक से समानांतर चलती है। बर्फ से ढका भाग जोगिंदर नगर के समीप धीरे-धीरे कम होने लगता है। इस रेलगाड़ी को UNESCO की विश्व धरोहर स्थल (World Heritage Site) सूची में स्थान हेतु वर्ष 2009 में नामांकित किया गया था।

कांगड़ा घाटी रेलवे : कुछ तथ्य

निर्माण वर्ष	: 1926-29
परिचालन की तिथि	: 1 अप्रैल, 1929
भौगोलिक अवस्थिति	: धौलाधार पर्वत श्रेणी
रेलमार्ग की कुल लंबाई	: 164 किमी.
तीव्र ढाल/खड़ा मार्ग	: बैजनाथ एवं जोगिंदर नगर के बीच स्थित
सुंदरतम भाग	: मंगवाल से कांगड़ा के बीच स्थित
सुरंगों की संख्या	: दो 1. ढुंडी सुरंग-250 फीट लंबी।
	2. दौलतपुर सुरंग-1000 फीट लंबी।

नीलगिरि माउंटेन रेलवे
(Nilgiri Mountain Railway)

तमिलनाडु की नीलगिरि माउंटेन रेलवे 46 किमी लंबी मीटर गेज (Metre Gauge) की रेल सेवा है। दक्षिणी रेलवे (SR) क्षेत्र (Zone) की यह रेलवे कोयम्बटूर के मेट्टुपालयम से चलकर ऊटी तक 7000 फीट की ऊंचाई में सफर कुनूर होते हुए पूरा करती है। इस रेल सेवा के कुनूर तक के खंड (प्रथम) को 1899 में पूरा किया  गया जिसे 1903 में ऊटी तक बढ़ा दिया गया। यह रेल प्रणाली अपने ढलवां/खड़ा मार्ग के कारण एशिया की अनोखी रेल प्रणाली बन गई है। रेलमार्ग के खड़ापन के कारण इसमें अनेक (Curves) मोड़ हैं। मोड़ों (Curves) की अधिकता के कारण इस रेलमार्ग में विशेष प्रकार के रैक और पिनियन (Rake and Pinion) का प्रयोग किया गया ताकि यात्रा सुरक्षित रहे। विशेष प्रकार के रैक और पिनियन के प्रयोग के कारण ऊंचाई पर चढ़ाई के समय यह रेलगाड़ी वैसा ही प्रतीत होती है जैसे कि कोई आदमी सीढ़ी पर चढ़ रहा है। तकनीकी रूप से इसे कॉग रेलवे (Cog Railway) की श्रेणी में रखा गया है। **इस रेल सेवा को UNESCO ने 2005 में अपनी विश्व धरोहर स्थल (World Heritage Site) सूची में शामिल कर लिया है।**

नीलगिरि माउंटेन रेलवे : कुछ तथ्य

स्थापना	:	1899
रेलमार्ग की कुछ लंबाई	:	46 किमी.
रेलमार्ग का प्रकार	:	मीटर गेज (Metre Gauge)
प्रयुक्त इंजन	:	लोको इंजन (8x)
रेलवे क्षेत्र	:	दक्षिणी रेलवे
रेलमार्ग का प्रकार	:	मीटर गेज (Metre Gauge)

कालका-शिमला रेल
(Kalka Shimla Train)

पर्वतीय रेल सेवाओं में से कालका-शिमला रेल सेवा भी एक प्रसिद्ध रेल सेवा है। छोटी लाइन (Narrow Gauge) की इस रेलगाड़ी को खिलौना रेलगाड़ी (Toy Train) भी कहा जाता है।

अनेक घुमावदार (Curves) रास्तों से गुजरने वाली यह रेल सेवा यात्रियों एवं पर्यटकों को अद्भूत प्राकृतिक नजारा का दर्शन करती है। रेलमार्ग में गौरवशाली हिमालय की दृश्यावली, सुरंगें, पुलें और विभिन्न प्रकार के पेड़-पौधे एवं हरियाली से युक्त लताएं यात्रियों का स्वागत करती है। मार्ग में आने  वाली भू-दृश्य को देखकर यात्रियों की सांसें रुक-सी जाती हैं। **UNESCO ने इस रेल सेवा को नवंबर 2008 में अपनी विश्व धरोहर स्थल (World Heritage Site) की सूची में शामिल कर लिया।**

ब्रिटिश काल में भारत की ग्रीष्म कालीन राजधानी रही शिमला को मैदानी क्षेत्र से जोड़ने वाली 96 किमी लंबी इस रेल लाइन का निर्माण कार्य 19वीं सदी में शुरू किया गया था। 96 किमी लंबी छोटी लाइन (Narrow Gauge) की इस रेलमार्ग का उद्घाटन नवंबर, 1903 में तत्कालीन वायसराय लार्ड कर्जन ने किया था।

कालका-शिमला रेलवे : कुछ तथ्य

स्थापना	: 19वीं सदी
रेलमार्ग की कुल लंबाई	: 96 किमी.
रेलमार्ग का प्रकार	: छोटी लाइन (Narrow Gauge)
रेलवे कोचों की संख्या	: 07
ट्रेन की गति सीमा	: 25-30 किमी/घंटा
वर्तमान में प्रयुक्त इंजन	: KC 520 (Steam Locomotive)
इंजन की क्षमता	: 700 HP
प्रति फेरे में यात्री ढोने की क्षमता	: 200
यात्रा के लिए निर्धारित समय	: 5.30 घंटे
कुल रेलवे स्टेशन	: 20
सुरंगों की संख्या	: 103
पुलों की संख्या	: 969
मोड़ों (Curves) की संख्या	: 919

माथेरान लाइट रेलवे
(Matheran Light Railway)

मध्य रेलवे की 'माथेरान लाइट रेलवे' को खिलौना रेल '(Toy Train)' भी कहा जाता है। यह मुंबई से लगभग 90 किमी दूरी पर स्थित नरेल से प्रारंभ होकर माथेरान तक जाती है। लगभग 800 मीटर की ऊंचाई पर स्थित यह रेल लाइन 121 छोटे-बड़े पुलों (Bridges) से गुजरती है। इस रेलमार्ग में एक मात्र सुरंग (Tunnel) है जो **'किस सुरंग'** (Kiss Tunnel) के नाम से प्रसिद्ध है। **इस रेल सेवा को भी UNESCO की विश्व धरोहल स्थल (Wolrd Heritage Site) सूची में शामिल कराने का प्रयास सरकार द्वारा किया जा रहा है।**

माथेरान रेल का योजनाकार मुंबई के एक प्रसिद्ध व्यवसायी सर अदामजी पीरभॉय (Sir Adamjee Peerbhoy) के पुत्र अब्दुल हुसैन को माना जाता है। छोटी लाइन (Narrow Gauge) की इस रेल लाइन पर 1904 में कार्य शुरू हुआ और 15 अप्रैल, 1907 में इसे रेल परिचालन के लिए खोल दिया गया। छह डिब्बों वाली माथेरान रेल 12 किमी/घंटा की गति से 20 किमी की दूरी लगभग दो घंटे में पूरी करती है। प्रारंभ में इस रेल लाइन पर वाष्प इंजन (Steam Locomotive) ट्रेन को खींचता था, जिसे अब डीजल इंजन (Diesel Locomotive) में बदल दिया गया है। इस रेल लाइन पर तीन स्टेशन-जुमापट्टी, वाटर पाइप और अमन लॉज है।

माथेरान लाइट रेलवे : कुछ तथ्य

स्थापना	:	1904
रेलमार्ग की कुल लंबाई	:	20 किमी.
रेलमार्ग का प्रकार	:	छोटी लाइन (Narrow Gauge)
रेलवे कोचों की संख्या	:	06
प्रतिदिन चलने वाली गाड़ियों की संख्या	:	06
ट्रेन की गति सीमा	:	12 किमी/घंटा
यात्रा का निर्धारित समय	:	2 घंटा
तीव्र मोड़ (Sharp Curve) का नाम	:	भकेरा खुद
कुल रेलवे स्टेशन	:	03 (जुमापट्टी, अमन लॉज एवं वाटर पाइप)
यातायात प्रारंभ होने का वर्ष	:	15 अप्रैल, 1907

❏❏❏

7 | कोंकण रेलवे

कोंकण रेलवे का निर्माण मुंबई के निकट रोहा से मंगलौर (कर्नाटक) के मध्य किया गया है। इस परियोजना का निर्माण कार्य 1990 में प्रारंभ हुआ एवं 26 जनवरी, 1998 को इस संपूर्ण रेलमार्ग पर यातायात प्रारंभ हो गया। इस परियोजना का कार्य कोंकण रेलवे निगम लिमिटेड (KRCL) द्वारा किया गया है जिसका पंजीकरण कंपनी अधिनियम के तहत् 26 जुलाई, 1990 को किया गया था। निगम  की इक्विटी (Equity) में 51 प्रतिशत हिस्सेदारी भारतीय रेलवे की है तथा शेष चार राज्यों–महाराष्ट्र, कर्नाटक, केरल तथा गोवा की सरकारों द्वारा प्रदत्त है। कोंकण रेल परियोजना 760 किमी लंबी है एवं इसे बनाने में 35,00 करोड़ रुपए की लागत आई है।

इस रेलवे लाइन की सर्वाधिक लंबाई महाराष्ट्र में मिलती है। इसके बाद कर्नाटक व गोवा का स्थान आता है। इस रेलमार्ग पर छोटे-बड़े सैंकड़ों पुल-पुलियों का निर्माण किया गया है। होनावर के निकट शरावती नदी पर इसका सबसे बड़ा पुल बनाया गया है जिसकी लंबाई लगभग 2 किमी है। रत्नागिरी के निकट पनवल नदी पर इसका सबसे ऊंचा पुल निर्मित है जिसकी ऊंचाई 64 मीटर/210 फुट है। यह रेलमार्ग अनेक सुरंगों (Tunnel) से गुजरता है। इस रेलमार्ग में स्थित सुरंगों की कुल लंबाई 84 किमी है। सबसे लंबी सुरंग (6.5 किमी) कारबुडे के निकट मिलती है। 760 किमी लंबे इस रेलमार्ग में 92 सुरंगें, 179 बड़े पुल, 1819 छोटे पुल, 56 रेलवे स्टेशन तथा 288 सड़क क्रॉसिंग हैं।

कोंकण रेलवे : कुछ तथ्य

1. रेलमार्ग की कुल लंबाई/दूरी	:	760 किमी (रोहा से मंगलौर तक)
2. गति सीमा	:	160 किमी/घंटा
3. बड़े पुलों की संख्या	:	179

4. छोटे पुलों की संख्या	:	1819
5. सुरंगों की संख्या	:	92
6. सड़क क्रॉसिंग की संख्या	:	288
7. रेलवे स्टेशनों की संख्या	:	56
8. सुरंगों की कुल लंबाई	:	84 किमी
9. सबसे बड़ी सुरंग की लंबाई	:	6.5 किमी (कारबुडे के निकट)
10. सबसे लंबे पुल की लम्बाई	:	2.065 किमी (होनावर के निकट शरावती नदी पर)
11. सबसे ऊंचे पुल की ऊंचाई	:	64 मीटर/210 फुट (रत्नागिरि के निकट पनवल नदी पर)

- कोंकण रेल मार्ग पर लगभग 2000 पुल और 90 से अधिक सुरंगें हैं।

- कोंकण रेल मार्ग पर कारबुडे सुरंग सबसे लंबी (6.5 किमी.) है।

- कोंकण रेलवे देश के पश्चिमी तट का 760 किमी. का सफर कराती है।

- गोवा में कोंकण रेलवे 105 किमी. का सफर करती है जिसमें जुआरी नदी पर बना पुल अद्भुत है।

□□□

8 | मेट्रो रेल सेवाएं

महानगरों में आवागमन में होनेवाली कठिनाईयों तथा बढ़ती भीड़-भाड़ को देखते हुए भारत के कुछ महानगरों में मेट्रो रेल सेवा की शुरुआत की गई है तथा कुछ में यह प्रस्तावित है। भारत के प्रमुख महानगरों की मेट्रो सेवाएं निम्नलिखित प्रकार से है:-

कोलकाता मेट्रो रेल

1972 में बनी यह योजना 1973-74 में कार्यरूप में परिणित हुई। 24 अक्टूबर, 1984 को एस्प्लानडे एवं भवानीपुर के 3.40 किमी लंबे भूमिगत रेलमार्ग पर रेलगाड़ियों का परिचालन आरम्भ होने के साथ ही कोलकाता मेट्रो रेल सेवा एशिया की पांचवीं तथा भारत की पहली मेट्रो रेल सेवा बन गई। 27 सितंबर, 1995 से इस पूरे रेलमार्ग पर रेलगाड़ियों का परिचालन प्रारंभ हो गया। दमदम से टालीगंज तक इस भूमिगत रेलमार्ग की कुल लंबाई 16.45 किमी है। यह कोलकाता के भीड़-भाड़ वाले इलाकों को जोड़ती है।

इस परियोजना का शिलान्यास 29 दिसम्बर, 1972 में तत्कालीन प्रधानमंत्री श्रीमति इंदिरा गाँधी ने किया था। 29 दिसम्बर, 2010 को इसे एक जोन बनाया गया है।

कोलकाता मेट्रो रेल : कुछ तथ्य

मार्ग की कुल लंबाई	: 16.45 किमी
अधिकतम गति	: 55 किमी/घंटा
औसत गति	: 30 किमी/घंटा
प्रत्येक रेल में कोचों की संख्या	: 8
यात्रा में लगने वाला समय	: 30 मिनट
प्रत्येक बोगी की यात्री ढोने की क्षमता	: 48 बैठकर एवं 278 खड़े होकर
प्रत्येक ट्रेन की यात्री ढोने की क्षमता	: 2400 (अधिकतम)
स्टेशनों की संख्या	: 91
ट्रेनों के मध्य समयांतराल	: व्यस्त घंटों में 8 मिनट एवं अन्य में 10-15 मिनट

दिल्ली मेट्रो रेलवे

दिल्ली मेट्रो की रेलगाड़ियों का निर्माण जापान की मित्सुबिशी कॉर्पोरेशन, मित्सुविशी इलेक्ट्रिक कॉर्पोरेशन और कोरिया की रोटेम कंपनी द्वारा किया गया है। दिल्ली मेट्रो रेल की सबसे पहली सेवा 25 दिसंबर, 2002 को तीसहजारी से शाहदरा के बीच चलाई गई।

आधुनिकता की दृष्टि से दिल्ली मेट्रो, न्यूयार्क मेट्रो के बाद विश्व की दूसरी मेट्रो रेल है। इसमें अनेक नवीनतम विशेषताएं है; यथा-पूर्णतः स्वचालित, माइक्रोप्रोसेसर ब्रेक, हल्के वजन के इस्पात निर्मित वातानुकूलित (AC) डिब्बे तथा ऊर्जा की दृष्टि से अतिदक्ष होना। एक अन्य विशेष बात और है कि यह रेलगाड़ी चलते ही मात्र 65 सेकेंड में 80 किमी/घंटा की रफ्तार पकड़ लेती है। न्यूयार्क मेट्रो के पश्चात् ISO-14001 प्रमाणन प्राप्त विश्व की यह दूसरी मेट्रो रेल है। इसे सर्वप्रथम निर्माण के दौरान ही ISO-14001 प्रमाणन प्राप्त हुआ। दिल्ली मेट्रो रेल कॉर्पोरेशन को कम ऊर्जा की खपत एवं ग्रीन हाउस गैसों के कम उत्सर्जन के कारण संयुक्त राष्ट्र संघ द्वारा कार्बन क्रेडिट भी प्रदान किया गया है। कार्बन क्रेडिट हासिल करने वाला यह विश्व का प्रथम मेट्रो रेल प्रणाली है।

दिल्ली मेट्रो रेल-ट्रांजिट प्रणाली (MRTS)

दिल्ली मास रैपिड ट्रांजिट/ट्रांसपोर्ट प्रणाली (Mass Rapid Transit/Transport System-MRTS) का तात्पर्य दिल्ली में मेट्रो रेल प्रणाली से है। यह भारत सरकार तथा राष्ट्रीय राजधानी क्षेत्र दिल्ली की सरकार का संयुक्त उपक्रम है। MRTS का कार्यान्वयन दिल्ली मेट्रो रेल कॉर्पोरेशन (DMRC) द्वारा किया जा रहा है।

- इसका विस्तार राजधानी के सीमावर्ती शहरों गाजियाबाद, फरीदाबाद, गुड़गाँव तथा नोएडा तक किया गया है।
- दिल्ली मेट्रो दुनिया का पहला ऐसा रेलवे नेटवर्क बना है जिसे संयुक्त राष्ट्र ने ग्रीन हाउस गैसों में कमी लाने के लिए 'कार्बन क्रेडिट' दिया है, जिसके अंतर्गत उसे सात वर्षों के लिए 95 लाख डॉलर मिलेंगे।

इस प्रणाली के प्रथम-चरण में निम्नलिखित गलियारे शामिल हैं:-

1. शाहदरा-रिठाला
2. विश्वविद्यालय-केंद्रीय सचिवालय
3. इंद्रप्रस्थ-द्वारका-द्वारका उपनगर (द्वारका-द्वारका IV)

दिल्ली MRTS के द्वितीय चरण में निम्नलिखित गलियारे शामिल हैं:

1. विश्वविद्यालय-जहांगीरपुरी

2. केंद्रीय सचिवालय-कुतुबमीनार

3. शाहदरा-दिलशाद गार्डन

4. इंद्रप्रस्थ-न्यू अशोक नगर

5. यमुना बैंक-आनंद विहार अंतर्राष्ट्रीय बस अड्डा

6. कीर्ति नगर-मुंडका (शाहदरा-रिठाला गलियारा में प्रचलित संपर्क के साथ)

नोट : द्वितीय चरण की अंतिम लाइन पर परिचालन अगस्त 2011 में आरंभ हो चुका है। तृतीय (103 किमी.) एवं चतुर्थ चरण (113.2 किमी) की परियोजना 2016 एवं 2021 तक पूरी कर ली जाएगी। प्रथम और द्वितीय चरण की सभी लाइनों पर मेट्रो ट्रेनों के परिचालन आरंभ हो जाने से इसकी कुल रूट लंबाई 194 किमी हो गई है।

दिल्ली मेट्रो परियोजना में अलग-अलग लाइन प्रणाली आरंभ की गई है। ये निम्न हैं–

	प्रथम	स्टेशन	लंबाई	कहां से कहां तक
1. रेड लाइन	24/12/2002	21	25.09	दिलशाद गार्डन-रिठाला
2. येलो लाइन	20/12/2004	37	44.65	जहांगीर पुरी से हुडा सिटी सेंटर
3. ब्लू लाइन	31/12/2005	44	49.93	नोएडा सिटी सेंटर से द्वारका सेक्टर 21
	07/01/2010	8	8.74	यमुना बैंक से वैशाली
4. ग्रीन लाइन	03/04/2010	14	15.14	इंद्रलोक से मुंडका
	27/08/2011	2	3.32	अशोक पार्क मेन से कीर्ति नगर
5. वायलेट लाइन	03/10/2010	32	43.40	कश्मीरी गेट से एस्कॉर्ट्स मुजेसर
6. ऑरेंज लाइन (एयरपोर्टएक्सप्रेस)	23/02/2011	6	22.70	नई दिल्ली से द्वारका सेक्टर 21
7. मजेन्टा लाइन	25/12/2017	9	12.64	बॉटेनिकल गार्डन से कालकाजी मंदिर
8. पिंक लाइन	14/03/2018	12	21.56	मजलिस पार्क से दुर्गाबाई देशमुख साउथ कैम्पस

मुंबई मेट्रो रेल परियोजना

तत्कालीन प्रधानमंत्री डॉ. मनमोहन सिंह ने 21 जून, 2006 को मुंबई मेट्रो रेल परियोजना का शिलान्यास किया। यह परियोजना मुंबई महानगर प्रदेश विकास प्राधिकरण (MMRDA) और अनिल धीरूभाई अंबानी समूह की रिलायंस एनर्जी का संयुक्त उपक्रम है। जिसमें रिलायंस की हिस्सेदारी 74% तथा MMRDA की हिस्सेदारी 26% है। **मुंबई मेट्रो रेल परियोजना ऐसी पहली मेट्रो रेल है जो सार्वजनिक-निजी-भागीदारी (PPP) के तहत निर्मित होगी।**

कुल 19,500 करोड़ रुपए की अनुमानित लागत वाली एवं 146.5 किमी लंबी यह परियोजना तीन चरणों में पूरी होगी। इस परियोजना में 32.5 किमी भूमिगत ट्रैक (Under ground Track) होगा जबकि 114 किमी एलीवेटेड ट्रैक (Elevated Track) होगा।

तीन-चरणों वाली इस परियोजना का **प्रथम चरण** (वर्सोवा-अंधेरी-घाटकोपर) 2011 में पूरा हो गया है। **दूसरा चरण** (चारकोप-दहिसर-घाटकोपर-मुलुंड) 2016 में एवं **तीसरा चरण** (बीकेसी-अंधेरी-शिवड़ी-प्रभादेवी) 2021 में पूरा होने का अनुमान है।

बंगलुरू मेट्रो रेल परियोजना

इसे नम्मा मेट्रो भी कहा जाता है। इस परियोजना की आधारशिला 24 जून, 2006 को तत्कालीन प्रधानमंत्री डॉ. मनमोहन सिंह ने रखी। लगभग 6500 करोड़ रुपए वाली यह परियोजना BMRCL (Bunglooru Metro Rail Corporation Ltd.) तथा केंद्र सरकार का साझा उपक्रम है। इसमें 30 प्रतिशत साझेदारी BMRCL की, 25 प्रतिशत साझेदारी केंद्र सरकार की तथा शेष 45 प्रतिशत साझेदारी उदार ऋणों के माध्यम से जुटाई जाएगी। लगभग 33 किमी लंबी इस परियोजना का शुभारंभ अगस्त, 2006 को हुआ। 20 अक्टूबर, 2011 से बंगलुरु मेट्रो रेल का परिचालन शुरू हो गया है। यह 41 स्टेशनों को जोड़ने वाला सड़क से ऊपर (Elevated) तथा भूमिगत (Underground) मेट्रो नेटवर्क है। इस परियोजना में अत्याधुनिक तकनीकों का प्रयोग किया गया है।

हैदराबाद मेट्रो रेल परियोजना

हैदराबाद मेट्रो रेल परियोजना 72 किमी लंबी है। इस रेल परियोजना में हैदराबाद मेट्रो रेल कॉर्पोरेशन लिमिटेड (HMRCL) तथा केंद्र सरकार की संयुक्त भागीदारी है। शेष पूंजी निवेश अन्य बाह्य स्रोतों से जुटाई जाएगी। सितंबर, 2007 से इस परियोजना पर कार्य प्रारंभ किया गया था। प्रधानमंत्री नरेन्द्र मोदी के द्वारा 28 नवम्बर, 2017 को मियापुर से नगोल तक 30 किमी. की दूरी का उद्घाटन किया। पहले चरण के 30 किमी. लम्बे मार्ग पर 24 स्टेशन बनाए गए।

अहमदाबाद मेट्रो रेल परियोजना

इस मेट्रो रेल परियोजना की अनुमानित लागत 4300 करोड़ रुपए है। इस परियोजना के तहत अक्षरधाम से एपीएमसी वासना तथा अहमदाबाद से पाटलेज तक लगभग 37 किमी लंबे मेट्रो रेलमार्ग के निर्माण का प्रावधान है। 14 मार्च, 2015 में इस परियोजना पर कार्य प्रारंभ हो गया है।

कोच्चि मेट्रो परियोजना

लगभग 5000 करोड़ रुपए की लागत वाली इस परियोजना पर काम शुरू हो चुका है। इसके अंतर्गत अलवाए से पेट्टा तक के 25 किमी लंबे मेट्रो रेलमार्ग का उद्घाटन प्रधानमंत्री नरेन्द्र मोदी के द्वारा 17 जून, 2017 को किया गया।

चेन्नई मेट्रो रेल परियोजना

लगभग 14,600 करोड़ रुपए की लागत वाली इस परियोजना के निर्माण में वित्तीय हिस्सेदारी ODA (Official Development Assistant—Japan) की 59%, केंद्र सरकार की 20% (15% इक्विटी और 5% ऋण के रूप में) और शेष राज्य सरकार की होगी।

45 किमी कुल लंबाई वाली इस परियोजना के तहत दो गलियारों (Corridors) का निर्माण किया जाना है। **प्रथम गलियारा** (Corridor-I) की लंबाई 23.1 किमी. होगी जिसमें 14.3 किमी. भूमिगत (Underground) और 8.8 किमी. एलीवेटेड (Elevated) मार्ग होगा। **द्वितीय गलियारा** (Corridor-II) की लंबाई 22 किमी. होगी जिसमें 9.7 किमी. भूमिगत (Underground) और 12.3 किमी एलीवेटेड (Elevated) मार्ग होगा।

29 जून, 2015 को मुख्यमंत्री जयललिता ने इस परियोजना के पहले चरण की शुरुआत की। 10.15 किमी लंबा यह एलीवेटेड मेट्रो मार्ग अलंदुर, एक्काथुथांगल, अशोक नगर, अरूम्बक्कम और कोयमबेदु मेट्रो स्टेशनों से होकर गुजरता है। इसके साथ ही चेन्नई ऐसा छठा शहर बन गया है जहाँ मेट्रो ट्रेन दौड़ने लगी है।

जयपुर मेट्रो रेल परियोजना

जयपुर मेट्रो का निर्माण दो चरणों में किया जाना है। इसके पहले चरण को पिंक लाइन एवं दूसरे चरण को ऑरेंज लाइन के नाम से जाना जाएगा। जयपुर मेट्रो रेल परियोजना के पहले चरण में मानसरोवर से चांदपोल बाजार तक रेलमार्ग के निर्माण की योजना है। 9.2 किमी. लम्बे इस मार्ग पर निर्माण का कार्य 13 नवम्बर, 2010 से शुरू हो गया है। 3 जून, 2015 से जयपुर मेट्रो में ट्रेनों का परिचालन आरंभ हो गया है। द्वितीय चरण का निर्माण 2021 तक पूरा कर लिया जाएगा।

लखनऊ मेट्रो रेल परियोजना

लखनऊ मेट्रो उत्तर प्रदेश के लखनऊ शहर में सेवा प्रदान करने वाली एक तीव्र पारगमन प्रणाली है। लखनऊ मेट्रो लाइन का निर्माण 27 सितम्बर, 2014 को परिवहन नगर से चारबाग रेलवे स्टेशन के लिए किया गया। 5 सितम्बर, 2017 को लखनऊ मेट्रो का उद्घाटन उत्तर प्रदेश के मुख्यमंत्री योगी आदित्यनाथ के द्वारा किया गया।

□□□

९ | रेलवे की अति महत्त्वाकांक्षी योजनाएं

एशिया व यूरोप के देशों को वृहद् रेल नेटवर्क से जोड़ने की 'यूनाइटेड नेशंस इकोनॉमिक एंड सोशल कमीशन फॉर एशिया एंड द पैसिफिक' (ESCAP) की एक महत्वाकांक्षी 'ट्रांस एशियन रेल नेटवर्क' परियोजना बनाई गई है।

इस प्रस्तावित ट्रांस एशियाई रेलवे (TAR) के लिए अन्तर्सरकारी संधि चीन द्वारा अनुमोदन (Ratification) के 90 दिन बाद 11 जून, 2009 से प्रभावी हो गई। चीन द्वारा इस संधि का अनुमोदन 13 मार्च, 2009 को किया गया था तथा यह अनुमोदन करने वाला वह आठवाँ राष्ट्र था। 22 देशों द्वारा हस्ताक्षरित इस संधि का अनुमोदन चीन से पूर्व कम्बोडिया, भारत, मंगोलिया, दक्षिण कोरिया, रूस, ताजिकिस्तान व थाईलैंड द्वारा किया जा चुका था। बैंकॉक स्थित यूनाइटेड नेशंस इकोनॉमिक एंड सोशल कमीशन फॉर एशिया एंड द पैसिफिक (ESCAP) की इस प्रस्तावित परियोजना के तहत एशिया व यूरोप के 28 देशों के 1,14,000 किमी. रेलमार्ग को जोड़ना है। सर्वप्रथम 17 देशों ने दक्षिण कोरिया में बुसान (Busan) में 10 नवम्बर, 2006 को इस संधि पर हस्ताक्षर किए थे। भारत ने 30 जून, 2007 को व बांग्लादेश ने 9 नवम्बर, 2007 को इस पर हस्ताक्षर किए थे। भारत व बांग्लादेश इस संधि पर हस्ताक्षर करने वाले क्रमशः 19वें व 20वें देश थे।

यूरोप व एशिया के देशों को रेलमार्ग से जोड़ने वाले 1,14,000 किमी. के प्रस्तावित रेल नेटवर्क में से 22 हजार किमी. रेल लाइन दक्षिण एशिया, ईरान व टर्की होकर गुजरेगी। इससे चीन, थाईलैंड, बांग्लादेश, भारत, पाकिस्तान, ईरान व तुर्की में रेल सम्पर्क कायम हो जाएगा। यह नेटवर्क एशिया व यूरोप के बीच माल की ढुलाई के लिए अति उपयोगी सिद्ध होगा तथा इससे एशिया व यूरोप के बीच व्यापार को बढ़ावा मिल सकेगा। इस नेटवर्क की रेल लाइन भारत में म्यांमार की सीमा से लगे तामू क्षेत्र से प्रवेश करेगी, जहाँ से यह बांग्लादेश होते हुए पुनः भारतीय क्षेत्र में आएगी। पश्चिम में यह रेल लाइन अटारी होते हुए पाकिस्तान में प्रवेश करेगी।

रेलवे टिकट अपग्रेडेशन योजना

रेलवे ने यात्री क्षमता के पूर्ण विदोहन के लिए 26 जनवरी, 2006 से **'रेलवे टिकट अपग्रेडेशन योजना'** (Railway Ticket Upgradation Scheme) प्रारंभ की है। इस योजना के तहत रेल यात्री भी

विमान यात्रियों की तर्ज पर अब बिना कोई अतिरिक्त शुल्क चुकाए उच्चतर श्रेणी में यात्रा की सुविधा प्राप्त कर सकते हैं।

इस योजना के तहत उच्च श्रेणियों में शायिकाएं खाली रहने की स्थिति में निचली श्रेणी के कन्फर्म (Confirm), आरएसी (RAC) व प्रतीक्षा सूची (Waiting List) के टिकटधारकों को रैंडम (Random) आधार पर यह शायिकाएं (Sleeper) आवंटित करने का प्रावधान किया गया है। इस प्रकार एसी-I (AC-I) में शायिकाएं रिक्त होने पर एसी-II (AC-II) के टिकटधारकों का टिकट इसके लिए अपग्रेड कर दिया जाएगा तथा एसी-II में रिक्त स्थानों पर एसी-III के टिकटधारक तथा एसी-III के रिक्त स्थानों पर स्लीपर श्रेणी के टिकटधारक यात्रा कर सकेंगे। इससे रेलगाड़ी में सीटें खाली नहीं रहेंगी तथा रेलवे की आय में वृद्धि होगी। इससे स्लीपर श्रेणी की अतिरिक्त 12 प्रतिशत की मांग भी पूरी की जा सकेगी। इससे रेलवे को प्रतिवर्ष लगभग 3000 करोड़ रुपए अतिरिक्त राजस्व प्राप्त हो सकेगा।

रेलयात्री बीमा योजना

1 अगस्त, 1994 से भारतीय रेलवे ने **'रेलयात्री बीमा योजना'** (Railway Passenger Insurance Scheme) लागू की है। इसके अतिरिक्त आतंकवादी गतिविधियों के शिकार रेलयात्रियों को उन्हीं दरों पर मुआवजा दिया जाएगा, जो रेल दुर्घटना के मामलों में प्रदान किया जाता है। मृत्यु तथा स्थाई अपंगता के मामले में मुआवजे की राशि 4 लाख रुपए तक है जबकि चोटिल/घायल होने पर यह राशि 32,000 रुपए से 4 लाख रुपए तक हो सकती है।

भारतीय रेलवे यात्रा बीमा योजना

भारतीय रेलवे यात्रा बीमा योजना एक बीमा योजना है जिसके अन्तर्गत यात्रियों और उनके परिवारों की मृत्यु या स्थायी पूर्ण विकलांगता की स्थिति में ₹ 10 लाख तक का मुआवजा देने, स्थायी या आंशिक विकलांगता के लिए ₹ 7.5 लाख तथा अस्पताल में भर्ती खर्च के लिए ₹ 2 लाख का प्रावधान है। किसी भी व्यक्ति को आईआरसीटीसी की वेबसाइट के माध्यम से 92 पैसे के प्रीमियम के साथ इस यात्रा बीमा कवर की सुविधा प्राप्त होगी और यह योजना 31 अगस्त, 2017 से लागू की गई।

मालगाड़ियों हेतु एल्युमिनियम के वैगन की योजना

माल ढुलाई क्षमता में विस्तार के लिए रेलवे अब स्टील के वैगनों के स्थान पर एल्युमिनियम के वैगन इस्तेमाल करने का परीक्षण कर रही है। इसके लिए निजी क्षेत्र को दो वैगन कंपनियों-बेस्को लि. (BESCo Ltd.) व टेक्समैको लि. (Texmaco Ltd.) को एल्युमिनियम के 300 वैगनों की आपूर्ति का आर्डर रेलवे ने दिया है। इसकी अनुमानित लागत 50 करोड़ बताई गई है।

एल्यूमिनियम के वैगनों का प्रयोग सफल रहने पर भविष्य में रेलवे इस तरह के वैगनों का उपयोग बढ़ा सकती है। ऐसे वैगनों की लागत स्टील के परंपरागत वैगनों की तुलना में अधिक है। स्टील के वैगन की लागत जहां 18 लाख रुपए प्रति वैगन होती है, वहीं एल्यूमिनियम वैगन लगभग 25 लाख रुपए का है, किन्तु इनकी ढुलाई क्षमता 70 टन प्रति वैगन होगी, जबकि स्टील के वैगन की क्षमता 65 टन मानी जाती है।

ई-टिकट प्रणाली योजना

आईआरसीटीसी ने एक नई ई-पर्स व्यवस्था अक्टूबर 2013 में शुरू की है जिसके चलते इन्टरनेट से टिकट बुकिंग कराने में पेमेण्ट करना अपेक्षाकृत आसान हो सकेगा। इस व्यवस्था से टिकट बुक कराते समय बैंकों से लेन-देन फेल होने की समस्या से मुक्ति मिल सकेगी। नई शुरू की गई व्यवस्था के तहत् यात्री ₹ 250 का शुल्क चुका कर अपना 'ई-पर्स' आईआरसीटीसी के पास बना सकेंगे जिसमें अधिकतम ₹ 5000 एक समय में जमा कराए जा सकेंगे। इसके एवज में एक 'पिन' उन्हें आईआरसीटीसी द्वारा उपलब्ध कराया जाएगा तथा इन्टरनेट पर टिकट बुक कराते समय इस पिन के जरिए ई-पर्स से टिकट के मूल्य का भुगतान किया जा सकेगा।

दिल्ली में तीन नए टर्मिनल रेलवे स्टेशन निर्माण की योजना

देश में सर्वाधिक व्यस्त नई दिल्ली रेलवे स्टेशन में जहां प्रतिदिन लगभग 270 रेलगाड़ियां व औसतन 6 लाख यात्री प्रतिदिन आते-जाते हैं, पर भीड़-भाड़ व रेलगाड़ियों की आवाजाही घटाने के लिए दिल्ली में तीन नए टर्मिनल स्टेशन बनाने की रेलवे की योजना है। नए विकसित किए जाने वाले स्टेशनों में उत्तरी दिल्ली में होलांबी कला, दक्षिण-पश्चिम में बिजवासन व पूर्व में उत्तर प्रदेश की सीमा पर आनंद विहार टर्मिनल स्टेशन शामिल हैं। आनंद विहार स्टेशन से ट्रेनों का आवागमन आरंभ हो चुका है।

जम्मू-बारामूला रेलमार्ग परियोजना

कश्मीर का शेष भारत के साथ रेल संपर्क स्थापित करने के लिए जम्मू से ऊधमपुर, कटरा, काजीगुंड व श्रीनगर होते हुए बारामूला तक 342 किमी का समस्त रेलमार्ग वर्ष 2007 तक पूरा करने का लक्ष्य रखा गया था। यद्यपि यह लक्ष्य पूरा नहीं किया जा सका है लेकिन जम्मू-बारामूला रेलमार्ग परियोजना के पहले चरण में जम्मू-ऊधमपुर (54.85 किमी.) के मध्य रेल यातायात 13 अप्रैल, 2005 से प्रारंभ हुआ। इसके दूसरे चरण में ऊधमपुर से कटरा (25 किमी) के बीच रेल सेवा का उद्घाटन प्रधानमंत्री नरेन्द्र मोदी ने जुलाई 2014 को किया।

इस परियोजना के पूरा होने से कश्मीर के सेब बागानों एवं कालीन, शॉल व हस्तशिल्प उद्योग को भारतीय व अंतर्राष्ट्रीय बाजारों से संबंद्ध किया जा सकेगा। इससे वहां रोजगार के अवसर बढ़ेंगे व आतंकवादी गतिविधियों में कमी आएगी।

मालवाहक गलियारा परियोजना/डायमंड गलियारा परियोजना
(Freight Corridors Projects Diamond Corridor Projects)

भारतीय रेलवे की अब तक की इस सबसे बड़ी एवं महत्वाकांक्षी परियोजना के तहत देश के चारों महानगरों (दिल्ली, मुंबई, कोलकत्ता व चेन्नई) को जोड़ने वाली ऐसी अलग रेल लाइनें बिछाई जाएंगी जिस पर केवल द्रुतगामी मालवाहक रेलगाड़ियों का परिचालन किया जा सकेगा। इस रेल लाइन के बन जाने से माल गाड़ियां 100 किमी. प्रति घंटे की गति से चल सकेंगी।

लगभग 3,333 किमी लंबी एवं कंप्यूटरीकृत रेल नियंत्रण प्रणाली से युक्त इस परियोजना के निर्माण के लिए पांच वर्ष का समय निर्धारित किया गया है। इस परियोजना का क्रियान्वयन एक स्पेशल पर्पज व्हीकल (Special Purpose Vehicle-SPV) के माध्यम से किया जाएगा। यह **SPV** ही इस परियोजना के लिए आवश्यक संसाधन एकत्रित करेगा।

लगभग 45,680 करोड़ रुपए की लागत से बनने वाले इस मालवाहक गलियारा परियोजना (Freight Corridors Projects) के तहत **दो गलियारों-पूर्वी** एवं **पश्चिमी** का निर्माण किया जाएगा।

1. **पूर्वी मालवाहक गलियारा परियोजना (Eastern Freight Corridors Projects):** 1,850 किमी लंबे इस गलियारा के तहत लुधियाना से अंबाला, सहारनपुर, खुर्जा व इलाहाबाद के रास्ते सोन नगर होते हुए कोलकाता के उपनगर दानकुनी तक नई रेल लाइन बिछाई जाएगी, जिसे बाद मे कोलकाता के बंदरगाह से जोड़ा जाएगा। लगभग 22,000 करोड़ रुपए की लागत से बनने वाली इस परियोजना का इस्तेमाल कोयला कंपनियां, इस्पात संयंत्र और ताप बिजली घर कर सकेंगे।

2. **पश्चिमी मालवाहक गलियारा परियोजना (Western Freight Corridors Projects):** 1483 किमी लंबा यह गलियारा जवाहरलाल नेहरु बंदरगाह से शुरू होकर बड़ोदरा, अहमदाबाद, पालनपुर, रेवाड़ी, दिल्ली के तुगलकाबाद और उत्तर प्रदेश के नोएडा के समीप स्थित दादरी के बीच होगा। लगभग 23,680 करोड़ रुपए की लागत से बनने वाली इस परियोजना से बंदरगाहों, निर्यातकों, आयातकों, शिपिंग लाइन एवं कंटेनर ऑपरेटरों को काफी लाभ होगा।

सुपरफास्ट रेलगाड़ियों हेतु ई. टिकटिंग योजना की शुरुआत

1 जनवरी, 2006 से भारतीय रेलवे ने ई. टिकटिंग (e-ticketing) की सुविधा अब शताब्दी एक्सप्रेस, जनशताब्दी एक्सप्रेस व राजधानी एक्सप्रेस सहित सभी सुपरफास्ट रेलगाड़ियों में उपलब्ध कराना प्रारंभ कर दिया है। इस सुविधा के शुरू हो जाने से अब रेलयात्री घर बैठे

अपने वैयक्तिक कंप्यूटर की सहायता से IRCTC (Indian Railway Contering and Tourism Corporation-IRCTC) की वेबसाइट www.irctc.com. से आरक्षित टिकट प्राप्त कर सकते हैं। इस प्रकार प्रिंट की गई इलैक्ट्रॉनिक रिजर्वेशन स्लिप (ERS) ही वैध

टिकट के रूप में रेलवे द्वारा स्वीकार की जाती है। ऐसे टिकटों के प्रिंट निकालने के लिए अपने पहचान-पत्र से संबद्ध प्रमाण यात्रियों को देना होता है। यह पहचान-पत्र यात्री का मतदाता पहचान-पत्र, पासपोर्ट, पैन (PAN) कार्ड, ड्राइविंग लाइसेंस अथवा केंद्र/राज्य कर्मियों का पहचान-पत्र (ID Card) में से कोई एक हो सकता है। यात्रा के दौरान ई. टिकट (ERS) के साथ यही पहचान-पत्र साथ रखना अनिवार्य है। विदेशी यात्रियों के मामले में पासपोर्ट ही पहचान-पत्र के रूप में स्वीकार्य होगा। ई-टिकट का भुगतान इंटरनेट पर इंटरनेट बैंकिंग के जरिए या कैश कार्ड के जरिए किया जा सकता है।

रेलवे की कंटेनर सेवाएं निजी क्षेत्र के लिए आरंभ

भारतीय रेलवे ने कंटेनर सेवाओं का संचालन सार्वजनिक क्षेत्र की कंपनियों के साथ-साथ निजी क्षेत्र के लिए भी खोलने की घोषणा 5 जनवरी, 2006 को कर दी। इस क्षेत्र में अभी तक कंटेनर कॉर्पोरेशन ऑफ इंडिया (Container Corporation of India Limited-CONCOR) का ही एकाधिकार बना हुआ था। आयात-निर्यात के साथ-साथ स्वदेशी आवश्यकताओं के लिए भी इस सेवा का संचालन इन कंपनियों द्वारा किया जा सकेगा। इस सेवा के लिए पंजीकृत की जानेवाली भारतीय कंपनी/फर्म का वार्षिक टर्न ओवर या नैटवर्क कम-से-कम 100 करोड़ रुपए होना आवश्यक है। इच्छुक कंपनी के पास रेलवे से संबद्ध इनलैंड कंटेनर डिपो (ICD) होना भी आवश्यक है। ऐसा ICD आवेदन के तीन वर्ष के अंदर बनाने की अनुमति आवेदक कंपनी/फर्म को दी जाएगी।

डबल-स्टैक कंटेनर ट्रेन की शुरुआत

23 मार्च, 2006 को भारतीय उपमहाद्वीप में पहली बार डबल-स्टैक कंटेनर्स ट्रेन (Double-Stack Containers Train) की शुरुआत की गई। आधुनिक, किफायती एवं तेज गति से माल परिवहन की सुविधा के लिए इस ट्रेन का शुभारंभ तत्कालीन रेलमंत्री लालू प्रसाद यादव द्वारा राजस्थान के जयपुर स्थित कनकपुरा अंतर्देशीय कंटेनर डिपो (Inland Container Depot) से किया गया। यह ट्रेन अंतर्देशीय कंटेनर डिपो, कनकपुरा से गुजरात के पीपावाव बंदरगाह को जोड़ती है।

डबल-स्टैक कंटेनर्स ट्रेन के लाभ

1. ईंधन की खपत में कमी।

2. रेलवे तंत्र एवं टर्मिनल पर आधारभूत आवश्यकताओं में कमी।

3. बंदरगाह एवं इनलैंड कंटेनर डिपो से कंटेनर्स हटाने में तेजी।

4. भारतीय बंदरगाहों पर बड़े-जहाजों द्वारा सीधी सेवा को प्रोत्साहन।

5. सिंगल-स्टैक (Single Stack) ट्रेन के 90 टीईयू (Twenty Feet Equivalent Unit-TEU) कंटेनर्स के मुकाबले 180 टीईयू (TEU) कंटेनर्स ले जाने की क्षमता।

6. सिंगल-स्टैक ट्रेन के 1500 मी. टन के मुकाबले 2500 मी. टन भार परिवहन की क्षमता।

7. लोकोमोटिव्स की परिवहन क्षमता का पूर्ण उपयोग।

8. परिवहन को पर्यावरण अनुकूल बनाने में सहायता।

9. गाड़ियों की संख्या में कमी से इनलैंड कंटेनर डिपो एवं कार्मिकों की बचत।

थार एक्सप्रेस का परिचालन प्रारंभ

भारत एवं पाकिस्तान के मध्य थार एक्सप्रेस नामक रेलगाड़ी का 18 फरवरी, 2006 से परिचालन शुरू हो गया। राजस्थान के बाड़मेर जिले के मुनाबाओ व पाकिस्तान के सिंध में स्थित खोखरापार के मध्य चलने वाली यह रेलगाड़ी 41 वर्ष के अंतराल के बाद इस मार्ग पर चलना आरंभ हुई है। 1965 में भारत-पाक युद्ध के बाद पटरियाँ क्षतिग्रस्त हो जाने के कारण इसका परिचालन बंद हो गया था। **यह रेलगाड़ी इन दोनों देशों के बीच अटारी-लाहौर समझौता एक्सप्रेस के बाद दूसरी रेलगाड़ी है।**

गरीब रथ रेलगाड़ियों का परिचालन प्रारंभ

देश में दिल्ली (हजरत निजामुद्दीन) मुंबई (बांद्रा) के बीच प्रस्तावित गरीब रथ एक्सप्रेस रेलगाड़ी का परिचालन 22 फरवरी, 2007 से प्रारंभ हो गया। इससे पूर्व तीन अन्य गरीब रथ एक्सप्रेस रेलगाड़ियां सहरसा-अमृतसर, दिल्ली-पटना व दिल्ली-चेन्नई के बीच चलाई गई है। **पहली गरीब रथ रेलगाड़ी 4 अक्टूबर, 2006 को शुरू की गई थी।** रेलमंत्री द्वारा उपर्युक्त चार गरीब रथ एक्सप्रेस रेलगाड़ियों के चलाने की घोषणा वर्ष 2006-07 के रेल बजट में की गई थी। इन पूर्णतः वातानुकूलित (AC) रेलगाड़ियों में यात्री किराया अन्य वातानुकूलित रेलगाड़ियों की तुलना में लगभग 40 प्रतिशत कम है। इनकी बोगियों में 64 के स्थान पर 75 शायिकाएं (Sleeper) हैं जबकि इनकी चेयरकार में 102-102 सीटें बैठने के लिए हैं।

वर्तमान समय में देश में 50 से ज्यादा गरीब रथ रेलगाड़ियाँ चलाई जा रही हैं।

मैत्री एक्सप्रेस का परिचालन प्रारंभ

भारत और बांग्लादेश के बीच 14 अप्रैल, 2008 से मैत्री-एक्सप्रेस नामक रेल सेवा प्रारंभ हो गई। बांग्ला नववर्ष पोइला बैशाख के अवसर पर कोलकाता-ढाका मैत्री एक्सप्रेस (3109/3110) नामक यह रेलगाड़ी एक साथ कोलकाता के चितपुर स्टेशन और ढाका के छावनी स्टेशन से 14 अप्रैल, 2008 को रवाना किया गया। इस प्रकार **'मैत्री एक्सप्रैस'** भारत से स्वतंत्र बांग्लादेश की राजधानी ढाका के लिए रवाना होने वाली पहली यात्री रेलगाड़ी बन गई और दोनों देशों के मध्य 43 वर्षों के बाद पहली बार अंतर्राष्ट्रीय यात्री रेल सेवा शुरू हो गई। ज्ञातव्य है कि भारत और पूर्वी पाकिस्तान (पूर्वी पाकिस्तान 1971 में बांग्लादेश के रूप में अलग राष्ट्र बना) के बीच 1965 के भारत-पाकिस्तान युद्ध के बाद रेल संपर्क समाप्त हो गया था। यात्री रेल सेवा के लिए भारत और बांग्लादेश ने जुलाई, 2001 में एक समझौता-पत्र पर हस्ताक्षर किए थे।

मैत्री एक्सप्रेस : मुख्य तथ्य

- **उद्देश्य :** दोनों पड़ोसी देशों के बीच संबंधों को मजबूत बनाना।
- **यात्रा मार्ग :** 538 किमी, बांग्लादेश में 418 किमी और भारत में 120 किमी।
- **यात्रा के लिए निर्धारित समय :** लगभग 14 घंटे।
- **यात्री क्षमता :** ढाका से आनेवाली रेलगाड़ी में 418 यात्री, जबकि कोलकाता से जानेवाली रेलगाड़ी में 368 यात्री आ-जा सकेंगे।
- **परिचालन :** सप्ताह में दो बार, प्रत्येक रेलगाड़ी शनिवार को ढाका (छावनी स्टेशन) व कोलकाता (चितपुर स्टेशन) से खुलेगी और रविवार को वापस होगी।
- **रेलभाड़ा :** श्रेणी (तीन) के अनुसार टिकट डॉलर व रुपए में, यात्री सामान 35 किग्रा. तक।
- **राजस्व वितरण :** 78 प्रतिशत बांग्लादेश के खाते में, शेष 22 प्रतिशत भारत के खाते में।
- **कस्टम व आव्रजन जांच स्थल :** बांग्लादेश में दर्शना और पश्चिम बंगाल (भारत) में गेदे।
- **लाभ :** चिकित्सा जांच और संबंधियों से मुलाकात में सुविधा।

अग्रिम रेल आरक्षण की सुविधा अब चार माह पूर्व

रेल यात्रा के लिए अग्रिम आरक्षण (Advance Reservation) अब यात्रा तिथि से चार माह पूर्व कराया जा सकता है। रेल मंत्रालय ने चार माह पूर्व आरक्षण की नई व्यवस्था 1 अप्रैल, 2015 से लागू कर दी है।

रेलवे लैंड डेवलपमेंट अथॉरिटी
(Railway Land Development Authority)

रेलवे की बेकार अथवा फालतू पड़ी जमीन का व्यावसायिक इस्तेमाल करने के लिए रेलवे बोर्ड के एक सदस्य ए.के. भटनागर की अध्यक्षता में रेल लैंड डेवलपमेंट अथॉरिटी (RLDA) का गठन रेलवे द्वारा किया गया है। इस प्राधिकरण द्वारा ही रेलवे की भूमि निजी क्षेत्र को सार्वजनिक-निजी सहभागिता (Public-Private Partnership-PPP) के आधार पर व्यावसायिक उपयोग के लिए उपलब्ध कराई जाएगी। प्रस्तावित मॉडल के तहत वाणिज्यिक प्रतिष्ठानों एवं मॉल्स आदि के निर्माण के लिए निजी क्षेत्र की इकाई एवं रेलवे के संयुक्त उपक्रम गठित किए जाएंगे, जिनमें रेलवे का योगदान भूमि के रूप में होगा।

इस योजना के प्रथम चरण में कुछ चुने गए शहरों की लगभग 500 एकड़ भूमि की पहचान रेलवे द्वारा की गई है। चुने गए इन शहरों में शामिल हैं–दिल्ली, मुंबई, कोलकाता, बंगलुरू, लखनऊ, विशाखापत्तनम, ग्वालियर एवं गया।

रेल में इंटरनेट सुविधा शुरू

रेल मंत्री ने 2 अप्रैल, 2013 को नई दिल्ली स्टेशन पर हावड़ा-राजधानी एक्सप्रेस ट्रेन में वाईफाई के जरिए इंटरनेट सुविधा की शुरुआत की। यह देश की पहली ट्रेन है जिसमें यात्री सफर के दौरान इंटरनेट का लाभ उठा सकेंगे। रेल मंत्री ने कहा कि इंटरनेट सेवा की एवज में यात्रियों से कोई शुल्क नहीं लिया जाएगा। यह पॉयलट प्रोजेक्ट है। इसकी सफलता के बाद राजधानी व शताब्दी एक्सप्रेस और दुरंतो ट्रेनों में वाईफाई की सुविधा शुरू की जाएगी।

बेंगलूरु सिटी वाई-फाई सुविधा वाला देश में पहला रेलवे स्टेशन

भारतीय रेलवे ने बेंगलूरु सिटी रेलवे स्टेशन पर वाई-फाई सुविधा उपलब्ध कराई है। इससे यात्रियों को हाईस्पीड इंटरनेट की सुविधा मिल सकेगी। पहले 30 मिनट तक यह सुविधा निःशुल्क रहेगी, जबकि उससे अधिक समय तक इस सुविधा का इस्तेमाल प्री पेड कार्ड के जरिए किया जा सकेगा। बेंगलूरु सिटी भारत में वाई-फाई की सुविधा वाला पहला रेलवे स्टेशन है।

❑❑❑

10 | भारतीय राज्यों में रेलवे की स्थिति

आंध्र प्रदेश

- **रेलमार्ग की कुल लंबाईः** 5,107 किमी. (लगभग)
- **ब्रॉडगेजः** 4,633 किमी.
- **मीटरगेजः** 437 किमी.
- **नैरोगेजः** 37 किमी.
- **प्रमुख रेलवे स्टेशनः** हैदराबाद, तिरुपति एवं विशाखापत्तनम आदि
- **रेलवे जोनः** दक्षिणी मध्य रेलवे
- **मुख्यालयः** सिकंदराबाद।

असोम

- **रेलमार्ग की कुल लंबाईः** 2,284.28 किमी.
- **ब्रॉडगेजः** 1,227.16 किमी.
- **मीटर गेजः** 1,057.12 किमी.
- **प्रमुख रेलवे स्टेशनः** गुवाहाटी, सिलचर, जोरहाट आदि।
- **रेलवे जोनः** उत्तरी पूर्वी सीमांत रेलवे
- **मुख्यालयः** मालेगांव गुवाहाटी।

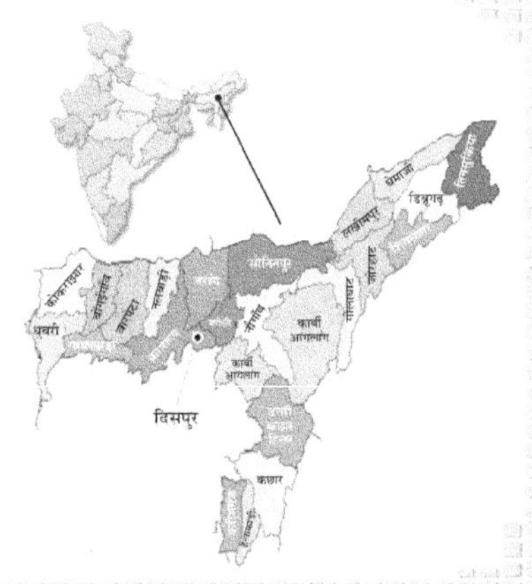

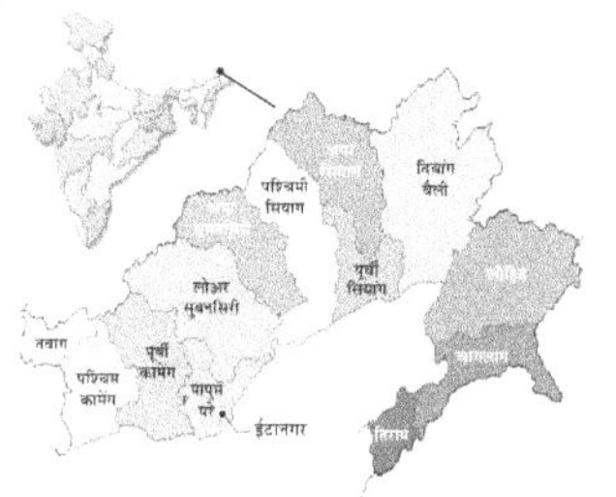

अरुणाचल प्रदेश

- **रेलमार्ग की कुल लंबाईः** 1 किमी.
- राष्ट्रीय परियोजना के तहत अरुणाचल प्रदेश की राजधानी इटानगर को 2020 तक बड़ी रेल लाइन से जोड़ने की योजना है।

बिहार

- **रेलमार्ग की कुल लंबाईः** 5,400 किमी.
- **प्रमुख रेलवे स्टेशनः** पटना, गया, मुजफ्फरपुर, बरौनी, भागलपुर, कटिहार एवं समस्तीपुर।
- **रेलवे जोनः** पूर्वी मध्य रेलवे
- **मुख्यालयः** हाजीपुर।

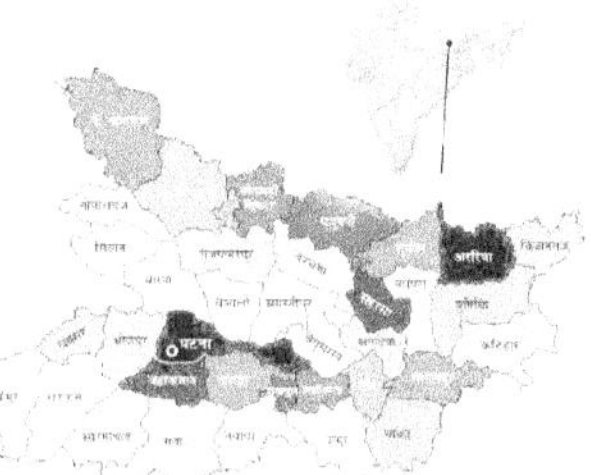

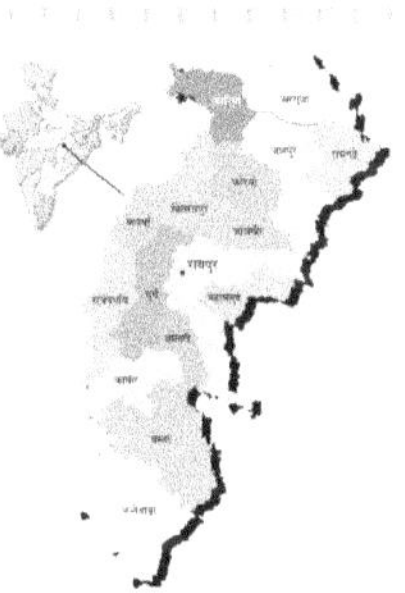

छत्तीसगढ़

- **रेलमार्ग की कुल लंबाईः** 1,108 किमी.
- **प्रमुख रेलवे स्टेशनः** रायपुर, बिलासपुर, दुर्ग, राजनंदगांव, रायगढ़ एवं कोरबा आदि
- **रेलवे जोनः** दक्षिण-पूर्व मध्य रेलवे
- **मुख्यालयः** बिलासपुर।

गोवा

- **रेलमार्ग की कुल लंबाईः** 106 किमी.
- **प्रमुख रेलवे स्टेशनः** वास्कोडिगामा, पणजी एवं मारगांव आदि।
- **कोंकण रेलवेः** गोवा मुंबई, मंगलौर एवं तिरूवनंतपुरम से कोंकण रेलवे द्वारा जुड़ा हुआ है।

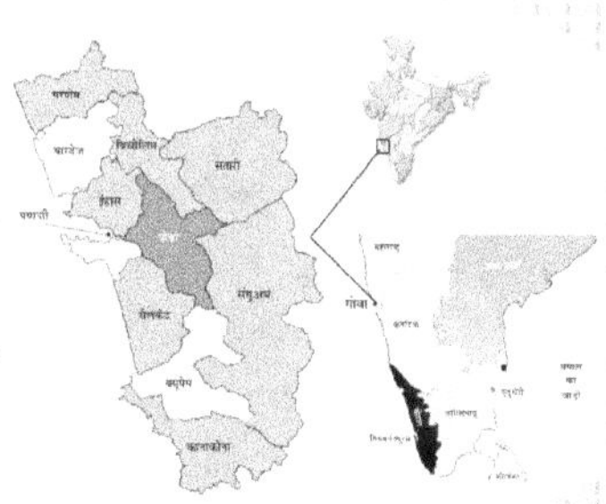

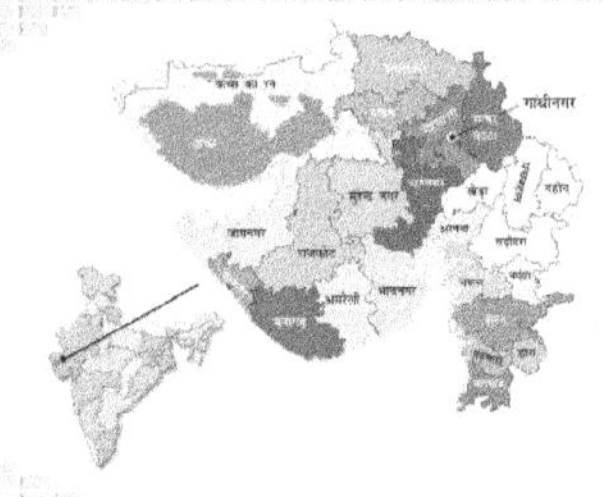

गुजरात

- **रेलमार्ग की कुल लंबाई:** 1,108 किमी.
- **रेलमार्ग की कुल लंबाई:** 5,890 किमी.
- **प्रमुख रेलवे स्टेशन:** अहमदाबाद, गांधीनगर, भावनगर, भुज, जामनगर, सूरत एवं राजकोट आदि।

हरियाणा

- **रेलमार्ग की कुल लंबाई:** 3,726 किमी.
- **प्रमुख रेलवे स्टेशन:** कुरूक्षेत्र, रोहतक, जींद, हिसार, कालका, अंबाला, पानीपत, जखाल आदि।

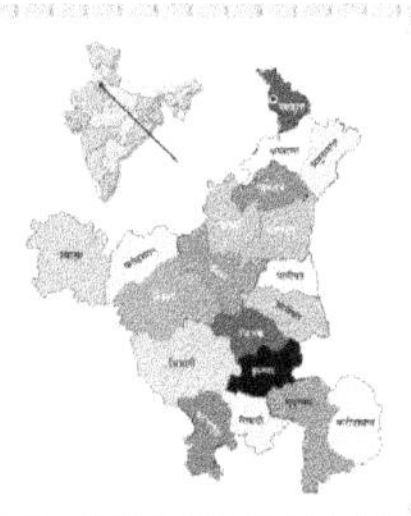

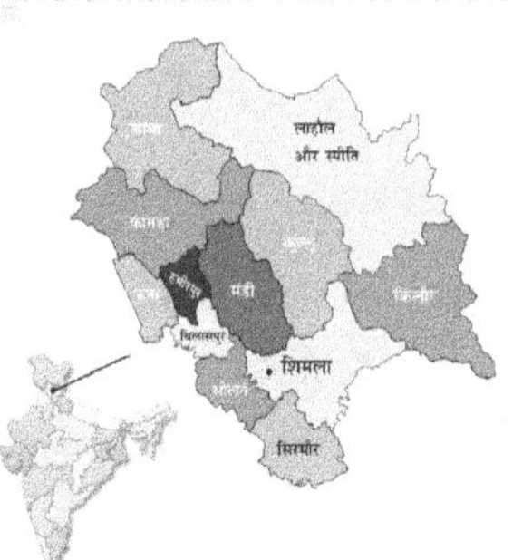

हिमाचल प्रदेश

- मुख्यतः पहाड़ी रेल सेवाएं उपलब्ध है। यहां दो पहाड़ी रेल सेवाएं हैं–
  - **कालका-शिमला-रेलवे:** कुल लंबाई: 96 किमी.
  - **कांगड़ा घाटी रेलवे:** कुल लंबाई: 57 किमी.
- **प्रमुख स्टेशन:** शिमला, पठानकोट, पालमपुर एवं जोगिंदरनगर आदि।

झारखंड

- **रेलमार्ग की कुल लंबाई:** 1,955 किमी.
- **प्रमुख रेलवे स्टेशन:** रांची, बोकारो, धनबाद एवं जमशेदपुर आदि।
- **नई रेल परियोजनाएं:** कोडरमा-गिरिडीह, कोडरमा-हजारीबाग-रांची, देवघर-दुमका- रामपुर हाट, लोहरदगा रेल लाइन अमान परिवर्तन।

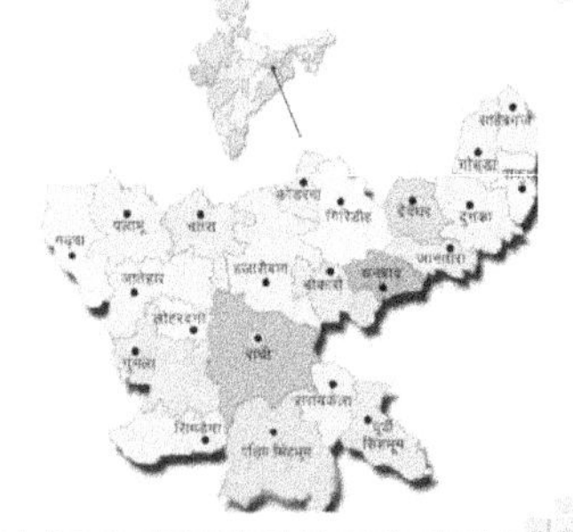

जम्मू-कश्मीर

- अब तक रेल सेवाएं जम्मू तक उपलब्ध हैं।
- जम्मू से वाया ऊधमपुर, कटरा, काजीगुंड व श्रीनगर होते हुए बारामुला तक 342 किमी. रेलमार्ग का निर्माण एक राष्ट्रीय परियोजना के तहत किया जा रहा है। ऊधमपुर-कटरा और काजीगुंड-बारामुला रेल लिंक परियोजना भी जम्मू-बारामुला परियोजना का ही अंग है।
- जम्मू-बारामुला रेलमार्ग परियोजना के पहले चरण में जम्मू से ऊधमपुर तक के 54.85 किमी. मार्ग पर रेल यातायात 13 अप्रैल, 2005 से प्रारंभ हो चुका है।
- कश्मीर घाटी में पहली रेल सेवा का पूर्व प्रधानमंत्री मनमोहन सिंह द्वारा 11 अक्टूबर, 2008 को श्रीनगर के नौगाम स्टेशन पर उद्घाटन किया गया। आम जनता के लिए यह रेल सेवा राजवंशेर (बडगाम) से नौगाम (श्रीनगर) होते हुए अनंतनाग के मध्य 66 किमी. रेलमार्ग के बीच 12 अक्टूबर, 2008 से शुरू हुई। आगे इस सेवा का विस्तार बारामुला तक और फिर काजीगुंड तक कर दिया जाएगा।

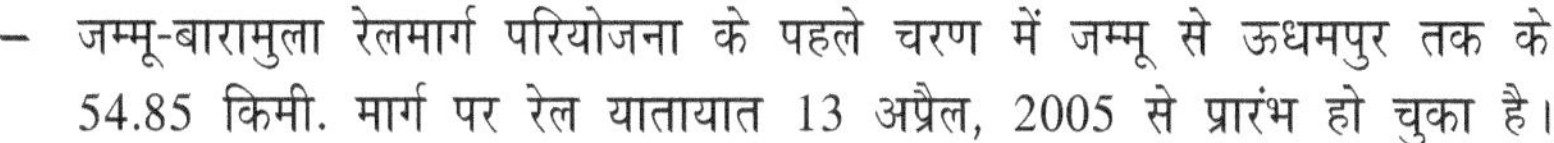

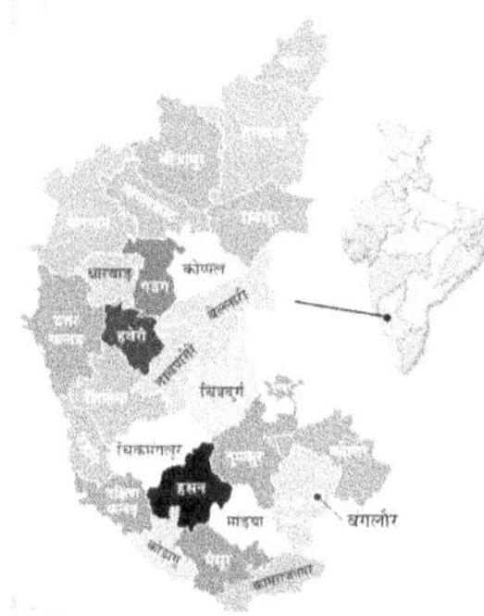

कर्नाटक

- **रेलमार्ग की कुल लंबाई:** 3,172 किमी.
- **ब्रॉड गेज:** 2,761 किमी.
- **नैरो गेज:** 411 किमी.
- **प्रमुख रेलवे स्टेशन:** बंगलुरु, बेलूर, चित्रदुर्ग एवं बीदर आदि।
- **रेलवे जोन:** दक्षिण-पश्चिम रेलवे
- **मुख्यालय:** हुबली।

उत्तराखंड

- **रेलमार्ग की कुल लंबाई:** 5,36 किमी.

- **प्रमुख रेलवे स्टेशन:** देहरादून, हरिद्वार, रुड़की, कोटद्वार, काशीपुर, हल्द्वानी, ऊधमसिंह नगर, रामनगर और काठगोदाम।

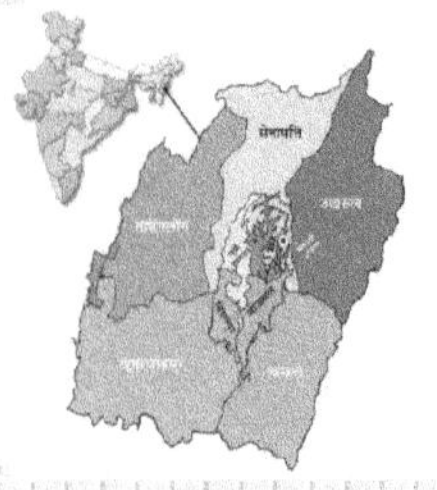

मणिपुर

- **रेलमार्ग की कुल लंबाई:** 1 किमी.
- राष्ट्रीय परियोजना के तहत मणिपुर की राजधानी इंफाल को 2020 तक बड़ी रेल लाइन से जोड़ने की योजना है।

केरल

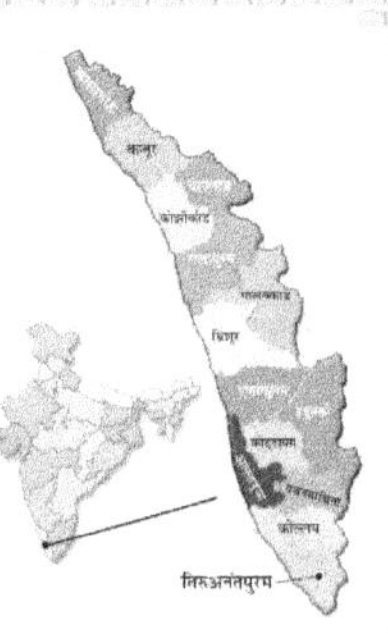

- **रेलमार्ग की कुल लंबाई:** 1,257 किमी. (लगभग)
- **ब्रॉड गेज:** 1,036.86 किमी.
- **नैरो गेज:** 111.14 किमी.
- **प्रमुख स्टेशन:** तिरुअनंतपुरम, कोच्चि और कोझीकोड आदि।
- **रेलवे जोन:** पश्चिमी तटीय रेलवे
- **मुख्यालय:** तिरुअनंतपुरम।

मध्य प्रदेश

- **रेलमार्ग की कुल लंबाई:** 5,992 किमी.
- **प्रमुख रेलवे स्टेशन:** भोपाल, बीना, ग्वालियर, इंदौर, इटारसी, जबलपुर, कटनी, रतलाम एवं उज्जैन।
- **रेलवे के क्षेत्रीय मुख्यालय:** भोपाल, रतलाम एवं जबलपुर।
- **रेल सेवा आयोग का मुख्यालय:** भोपाल
- **रेलवे जोन:** पश्चिमी-मध्य रेलवे
- **मुख्यालय:** जबलपुर।

पंजाब

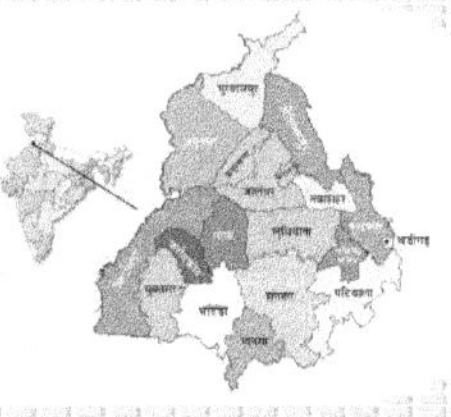

- **रेलमार्ग की कुल लंबाई:** 2,121 किमी.
- **प्रमुख रेलवे स्टेशन:** जालंधर, पटियाला, लुधियाना एवं अमृतसर आदि।

महाराष्ट्र

- **रेलमार्ग की कुल लंबाई:** 5,983 किमी.
- **ब्रॉडगेज:** 78.6 प्रतिशत
- **मीटर गेज:** 7.8 प्रतिशत
- **नैरो गेज:** 13.6 प्रतिशत
- **प्रमुख रेलवे स्टेशन:** छत्रपति शिवाजी टर्मिनस, नागपुर, नासिक, सतारा एवं कोल्हापुर आदि।
- **रेलवे जोन-1 मध्य रेलवे:** मुख्यालय: मुंबई (सेंट्रल)
- **रेलवे जोन-2 पश्चिमी रेलवे:** मुख्यालय: मुंबई (चर्चगेट)।

मेघालय

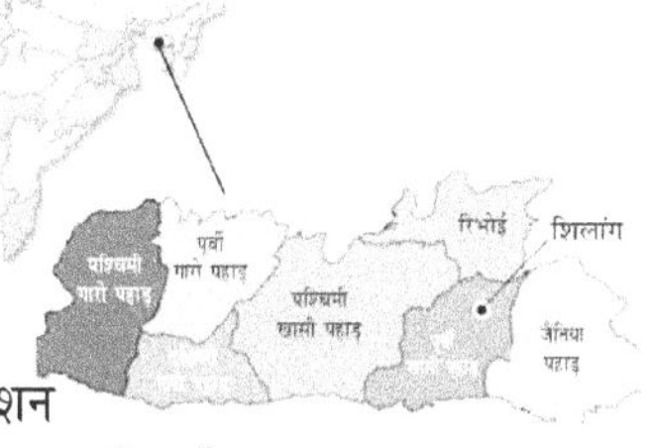

- **रेलमार्ग की कुल लंबाई:** 10 किमी.
- राष्ट्रीय परियोजना के तहत मेघालय की राजधानी शिलांग को 2020 तक बड़ी रेल लाइन से जोड़ने की योजना है।
- मेघालय के नॉर्थ गारो हिल्स जिले के मेंदीपथार रेलवे स्टेशन से असम के दुधनोई रेलवे स्टेशन के बीच नियमित रेल सेवा नवंबर 2014 में शुरू की गई।

सिक्किम

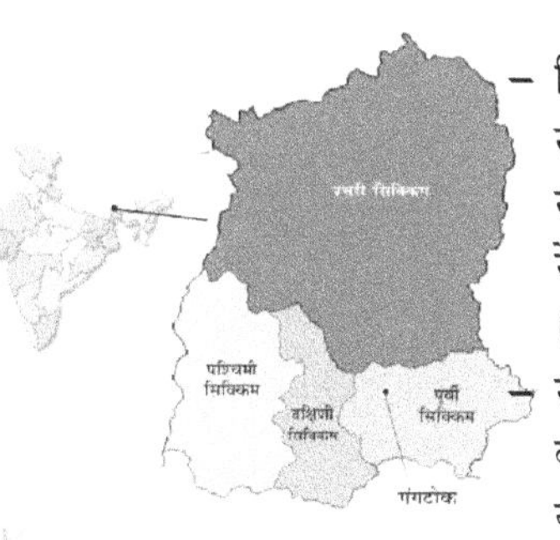

- सिक्किम का शेष भारत के साथ रेल संपर्क स्थापित करने की योजना को 2008 में केंद्र सरकार ने मंजूरी दे दी है। इसके तहत ब्रॉड गेज रेलमार्ग का निर्माण रंगपो (सिक्किम) से सिवोक (पं. बंगाल) तक किया जाएगा।
- राष्ट्रीय परियोजना के तहत 2020 तक सिक्किम को राजधानी की ब्रॉडगेज रेल सेवा से जोड़ने की योजना है।

मिजोरम

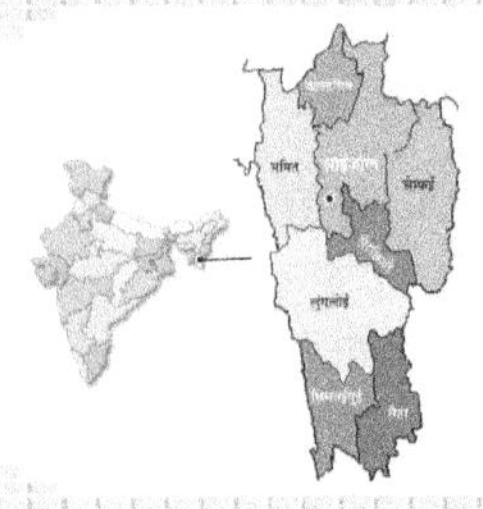

– **रेलमार्ग की कुल लंबाईः** 2 किमी.
– राष्ट्रीय परियोजना के तहत मिजोरम की राजधानी आइजोल को 2020 तक बड़ी रेल लाइन से जोड़ने की योजना है।

नगालैंड

– **रेलमार्ग की कुल लंबाईः** 13 किमी.
– राष्ट्रीय परियोजना के तहत नगालैंड की राजधानी कोहिमा को 2020 तक बड़ी रेल लाइन से जोड़ने की योजना है।

राजस्थान

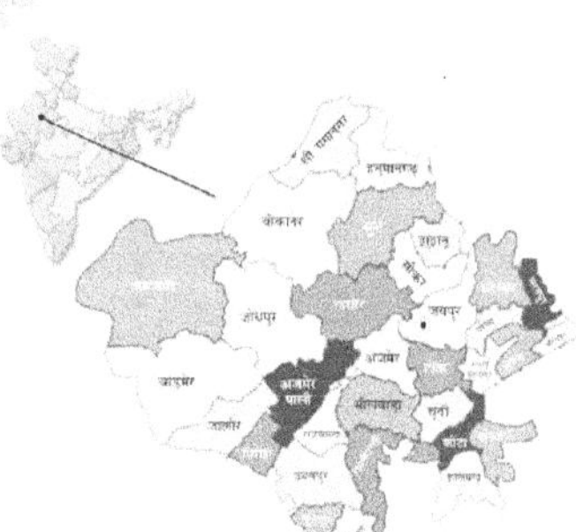

– **रेलमार्ग की कुल लंबाईः** 5780.12 किमी;
– **ब्रॉडगेजः** 4465.12 किमी.
– **मीटर गेजः** 1228.24 किमी.।
– **नैरो गेजः** 87 किमी.
– **प्रमुख रेलवे स्टेशनः** जोधपुर, जयपुर, बीकानेर, सवाई माधोपुर, कोटा और भरतपुर आदि।
– **रेलवे जोनः** उत्तर-पश्चिम रेलवे
– **मुख्यालयः** जयपुर।

तमिलनाडु

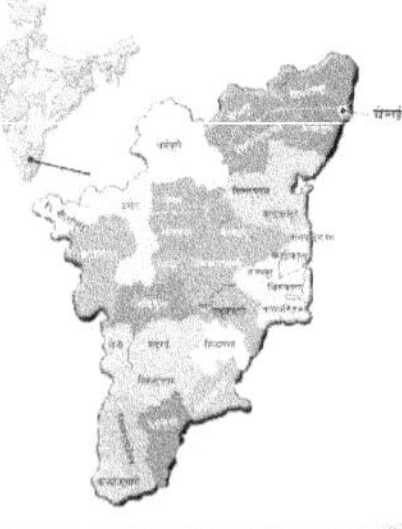

– **रेलमार्ग की कुल लंबाईः** 4,181 किमी.
– **प्रमुख रेलवे स्टेशनः** चेन्नई, मदुरै, तिरुचिरापल्ली, कोयंबटूर एवं तिरुनेलवेली।
– **रेलवे जोनः** दक्षिणी रेलवे
– **मुख्यालयः** चेन्नई।

ओडिशा

- **रेलमार्ग की कुल लंबाई:** 2,339 किमी.
- **ब्रॉडगेज:** 2,285 किमी.
- **नैरो गेज:** 54 किमी.
- **प्रमुख रेलवे स्टेशन:** भुवनेश्वर, पुरी, कटक, एवं बालासोर आदि।
- **रेलवे जोन:** पूर्वी मध्य (तटीय) रेलवे।
- **मुख्यालय:** भुवनेश्वर।

त्रिपुरा

- **रेलमार्ग की कुल लंबाई:** 66 किमी.
- राष्ट्रीय परियोजना के तहत त्रिपुरा की राजधानी अगरतला तक रेलमार्ग का कार्य पूरा हो चुका है। स्वतंत्रता के बाद पहली बार किसी पूर्वोत्तर राज्य की राजधानी को रेल लाइन से जोड़ा गया है।
- मानू-अगरतला रेल लाइन (88 किमी) को राष्ट्रीय परियोजना घोषित किया गया है।

उत्तर प्रदेश

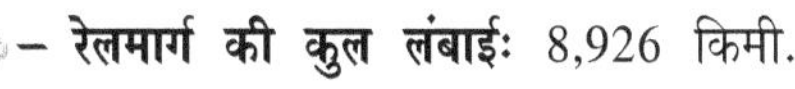

- **रेलमार्ग की कुल लंबाई:** 8,926 किमी.
- **प्रमुख रेलवे स्टेशन:** आगरा, कानपुर, इलाहाबाद, मुगलसराय, झांसी, मुरादाबाद, वाराणसी, टूंडला, गोरखपुर, गोंडा, फैजाबाद, बरेली एवं सीतापुर।
- रेलवे के उत्तरी नेटवर्क का मुख्य जंक्शन लखनऊ है।
- **रेलवे जोन:**
  1. उत्तर-पूर्वी-रेलवे: मुख्यालय: गोरखपुर
  2. उत्तर-मध्य रेलवे: मुख्यालय: इलाहाबाद।

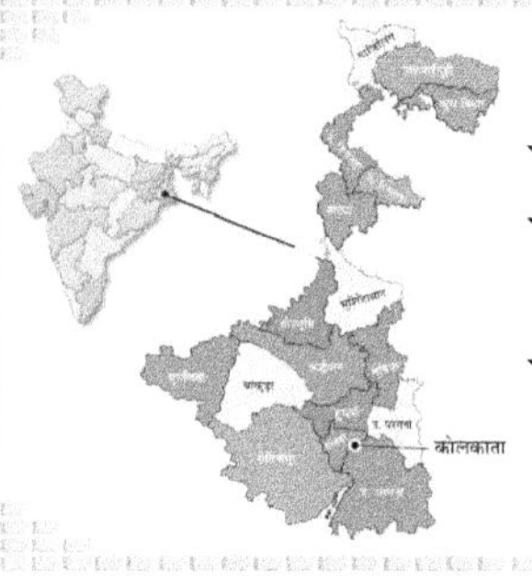

पश्चिम बंगाल

- **रेलमार्ग की कुल लंबाई:** 4,499.82 किमी.
- **प्रमुख रेलवे स्टेशन:** हावड़ा, आसनसोल, सियालदह, बंडेल, बर्द्धमान, खड़गपुर तथा न्यू जलपाईगुड़ी
- **रेलवे जोन:** 1. पूर्वी रेलवे: मुख्यालय: कोलकाता
  2. दक्षिण-पूर्वी रेलवे: मुख्यालय-कोलकाता।
  3. मेट्रो रेलवे : मुख्यालय : कोलकाता।

चंडीगढ़

- यहां से पंजाब एवं हरियाणा की ओर जाने वाली मुख्य गाड़ियां गुजरती हैं।
- **प्रमुख रेलवे स्टेशन:** चंडीगढ़।

तेलंगाना

- **रेलमार्ग की कुल लंबाई:** 1,753 किमी. (केवल ब्रॉडगेज)।
- **स्टेशन:** 228
- **प्रमुख रेलवे स्टेशन:** हैदराबाद, निजामाबाद, संगरेकी, खम्मम, नालगोंडा, कुर्नुल, वारंगल।
- **रेलवे जोन:** दक्षिण मध्य रेलवे।
- **मुख्यालय:** सिकंदराबाद।

दिल्ली

- 200 किमी.
- **प्रमुख रेलवे स्टेशन:** नई दिल्ली, पुरानी दिल्ली, निजामुद्दीन, आनंद विहार मेगा टर्मिनल, नांगलोई, आजादपुर आदि।
- **रेलवे जोन:** उत्तर रेलवे
- **मुख्यालय:** नई दिल्ली।
- उत्तर रेलवे भारत का सबसे बड़ा रेलवे जोन है इसकी लंबाई 10980 किमी है।

□□□

11 | भारत की प्रथम तीव्र-गति रेल परियोजना

भारत में पहली रेल वर्ष 1853 में बंबई (वर्तमान मुम्बई) और ठाणे के बीच चलाई गई थी। इस ट्रेन ने 34 किमी. की दूरी लगभग एक घंटे में तय की थी। डेढ़ शताब्दी से भी अधिक का समय गुजर जाने के बाद आज भी भारतीय रेल की औसत गति 60 किमी. प्रति घंटा ही है, जो विश्व में सबसे कम गति में से एक है। यहाँ तक कि देश की सबसे तेज गति से चलने वाली ट्रेन 'गतिमान एक्सप्रेस' भी 160 किमी. प्रति घंटे की अधिकतम रफ्तार ही पकड़ पाती है।

हालांकि, यदि आने वाले समय में देश के नीति-निर्माताओं के आकलन के अनुसार ही सब कुछ हुआ, तो शीघ्र ही देश में तीव्र-गति रेल (लोकप्रिय नाम : बुलेट ट्रेन) गतिमान एक्सप्रेस की गति की दोगुनी से भी अधिक रफ्तार से दौड़ेगी। इस दिशा में पहला सुदृढ़ कदम अहमदाबाद में 14 सितंबर को उठाया गया जब भारत की राजकीय यात्रा पर आए जापान के प्रधानमंत्री शिंजो अबे और प्रधानमंत्री नरेन्द्र मोदी ने 'देश की पहली तीव्र-गति रेल परियोजना' (बुलेट ट्रेन परियोजना) की नींव रखी।

यह बुलेट ट्रेन देश की आर्थिक राजधानी मुंबई को अहमदाबाद से जोड़ेगी। यह बुलेट ट्रेन मुंबई और अहमदाबाद के बीच की लगभग 508 किमी. की दूरी चार स्टेशनों (अहमदाबाद, बड़ोदरा, सूरत और मुंबई) पर रुकते हुए सिर्फ दो घंटे सात मिनट में तय करेगी।

हालांकि मुंबई और अहमदाबाद के बीच कुल 12 स्टेशन प्रस्तावित हैं। यह स्टेशन हैं—बांद्रा कुर्ला कॉम्प्लेक्स (मुंबई), ठाणे, विरार, बोइसर, वापी, बिलिमोरा, सूरत, भरुच, बड़ोदरा, आनंद, अहमदाबाद और साबरमती। बुलेट ट्रेन इन सभी 12 स्टेशनों पर रुकते हुए मुंबई एवं अहमदाबाद के बीच की दूरी 2 घंटे 58 मिनट में तय करेगी।

इस मार्ग पर बुलेट ट्रेन की 'अधिकतम संचालन गति' (Maximum Operating Speed) 320 किमी. प्रति घंटा होगी जबकि 'अधिकतम डिजाइन गति' (Maximum Design Speed) 350 किमी. प्रति घंटा होगी। 508 किमी. लंबे इस मार्ग का 92 प्रतिशत हिस्सा एलिवेटेड (Elevated), 6 प्रतिशत सुरंग में तथा शेष 2 प्रतिशत जमीन (Ground) पर होगा अर्थात् कुल 508 किमी. में से 468 किमी. लंबा ट्रैक एलिवेटेड होगा, 27 किमी. सुरंग के अंदर तथा शेष 13 किमी. जमीन पर स्थित होगा।

बुलेट ट्रेन के सपने को साकार करने के लिए अनुमान है कि अगले पाँच वर्षों में इस परियोजना पर 1,08,000 करोड़ रुपये खर्च होंगे जिसमें से 88,000 करोड़ रुपये (कुल परियोजना लागत की 81% राशि) जापान कर्ज के तौर पर भारत को दे रहा है। इस कर्ज पर ब्याज भी नहीं के बराबर (0.1% प्रति वर्ष की दर से) है और यह कर्ज भारत को 50 वर्षों में अदा करना है। इस ऋण का पुनर्भुगतान (Repayment) ऋण मिलने के 15 वर्षों के बाद शुरू होगा। इतना ही नहीं, जापान से ऋण के साथ ही भारत को बुलेट ट्रेन की विश्वसनीय एवं सुरक्षित **'शिनकैन्सेन तकनीक'** (Shinkansen Technology) भी मिलेगी।

उल्लेखनीय है कि जापानी ट्रेन नेटवर्क शिनकैन्सेन विश्व के सबसे सुरक्षित बुलेट ट्रेन नेटवर्क में से एक माना जाता है। कारण यह है कि वर्ष 1964 में इसकी शुरूआत से लेकर अब तक जापान में एक भी व्यक्ति की मौत बुलेट ट्रेन हादसे की वजह से नहीं हुई है। यही नहीं, इस दौरान ट्रेन परिचालन में औसत देरी का रिकॉर्ड महज एक मिनट से भी कम अवधि का रहा है। स्पष्ट है कि यह परियोजना उच्च सुरक्षा मानकों के साथ-साथ विश्वसनीय एवं आरामदायक यात्रा अनुभव प्रदान करने हेतु प्रतिबद्ध है।

प्रारंभ में भारत में बुलेट ट्रेन का परिचालन दिसंबर, 2023 तक प्रारंभ करने का लक्ष्य रखा गया था, हालांकि प्रधानमंत्री नरेन्द्र मोदी आजादी के 75 वर्ष पूरे होने पर यानी वर्ष 2022 में ही इस परियोजना को चालू करने के इच्छुक हैं, इसलिए परियोजना पूरी करने की समय-सीमा एक वर्ष घटा दी गई है। इस परियोजना का क्रियान्वयन प्रारंभ करने के लिए **'नेशनल हाई स्पीड रेल कॉर्पोरेशन लिमिटेड'** (NHRCL) का गठन एक विशेष प्रयोजन वाहन (SPV) के रूप में किया गया है।

परियोजना के तहत वड़ोदरा में एक **'तीव्र गति रेल प्रशिक्षण संस्थान'** (High Speed Rail Training Institute) की स्थापना भी होनी है। यहाँ रेल कर्मियों को सिम्युलेटर के जरिए बुलेट ट्रेन चलाने का प्रशिक्षण दिया जाएगा। इस संस्थान का परिचालन वर्ष 2020 के अंत तक प्रारंभ हो जाएगा। परिचालन प्रारंभ होने के अगले तीन वर्षों में यहाँ लगभग 4000 रेलकर्मी बुलेट ट्रेन संचालन का प्रशिक्षण हासिल करेंगे। आगे चलकर देश में जितनी भी बुलेट ट्रेन परियोजनाएँ स्थापित होंगी, सभी के लिए यहीं पर ऑपरेशन स्टॉफ तैयार होगा।

बुलेट ट्रेन की प्रासंगिकता

जहाँ आज भी देश की कुल जनसंख्या का एक-तिहाई दो जून की रोटी के लिए जद्दोजहद कर रहा हो, शिक्षा, स्वास्थ्य एवं कौशल विकास हेतु धन की अपर्याप्तता का रोना रोया जा रहा हो तथा जहाँ वर्तमान परिवहन व्यवस्था कष्टदायक एवं असुरक्षित हो, ऐसे देश में बुलेट ट्रेन के औचित्य पर प्रश्न खड़ा होना स्वाभाविक ही है। भारत में वर्तमान रेल परिवहन में सुरक्षा एवं सुविधाओं में सुधार किए बिना बुलेट ट्रेन के निर्माण का दंभ भरने वाली वर्तमान सरकार कई आलोचकों

के निशाने पर है। अत्यधिक लागत, पर्यावरणीय क्षति, भू-अधिग्रहण तथा उच्च किराए के कारण इसकी आलोचना की जा रही है। इसे चंद अमीरों की सुविधा के लिए देश की आम जनता के धन को व्यय करने वाली परियोजना की भी संज्ञा दी जा रही है।

परंतु विद्वानों का एक बड़ा वर्ग इस परियोजना को राष्ट्रीय गौरव तथा आर्थिक प्रेरणा से जोड़कर देखता है। उनके अनुसार, जहाँ इससे गतिशीलता, आराम तथा व्यापारिक गतिविधियों में तीव्रता आएगी वहीं इससे क्षेत्रीय असंतुलन तथा शहरी क्षेत्रों की जनसंख्या दबाव में कमी भी आएगी।

बुलेट ट्रेन परियोजना का भारत पर प्रभाव

लाभ–

(*i*) अंतर्राष्ट्रीय आर्थिक कद में वृद्धि।

(*ii*) प्रत्यक्ष एवं परोक्ष रूप से आर्थिक विकास को प्रेरणा।

(*iii*) तकनीकी दक्षता में वृद्धि।

(*iv*) क्षेत्रीय असंतुलन में कमी।

(*v*) शहरी क्षेत्रों के दबाव में कमी।

(*vi*) व्यापारिक गतिविधियों में वृद्धि।

(*vii*) तीव्र, आरामदायक एवं सुरक्षित यात्रा।

(*viii*) नवीन यात्रा विकल्प।

आलोचना–

- अत्यधिक लागत।
- उच्च किराए के कारण आमजन की पहुँच से दूर।
- किसानों की भूमि का अधिग्रहण।
- ऊर्जा संबंधी चुनौतियाँ।
- भारतीय परिवेश के अनुकूल नहीं।
- अन्य प्राथमिकता के क्षेत्रों पर दुष्प्रभाव।

निष्कर्षतः बुलेट ट्रेन को भारत पर बोझ न मानकर इसे एक अवसर के रूप में देखा जाना अधिक उचित होगा।

❑❑❑

12 | भारतीय रेल का सफरनामा

1832 :

— भारत में सर्वप्रथम मद्रास (चेन्नई) में 1832 ई. में रेल परिवहन की स्थापना का सुझाव दिया गया था किंतु इस सुझाव पर कोई कारवाई नहीं किया जा सका।

1844 :

— गवर्नर जनरल लार्ड हार्डिंग प्रथम (1844-1848 ई.) ने निजी कंपनियों को रेल नेटवर्क की स्थापना करने की अनुमति प्रदान की।

— आर. मैक्डोनाल्ड स्टीफेंसन (R. Mac. Donald Stephenson) का ''Report upon the practicability and Advantages of the Introduction of Railways into British India'' प्रकाशित हुआ।

1845 :

— बॉम्बे-कल्याण रेलमार्ग का सर्वे कार्य प्रारंभ किया गया।

— ईस्ट इंडिया रेलवे कंपनी का गठन किया गया।

1848 :

— गवर्नर जनरल लार्ड डलहौजी ने भारत में रेलवे लाइन के निर्माण का समर्थन किया।

1849 :

— भारत में रेलवे के विकास के लिए इंग्लैंड के निजी कंपनियों के लिए अनेक तरह की रियायतों की घोषणा की गई। इन रियायतों में मुख्यतः रेल पथ के निर्माण के लिए मुफ्त भूमि तथा निवेश पर 5% की निश्चित आमदनी जैसी बातें शामिल थीं।

1851 :

— गंगा नहर के निर्माण के समय रूड़की में निर्माण कार्यों के लिए थॉमसन लोकोमोटिव (Thomson Locomotive) का पहली बार प्रयोग किया गया। वर्तमान में यह लोकोमोटिव IIT रूड़की में संरक्षित स्थिति में है।

1852 :

- मद्रास गारंटी रेलवे कंपनी (Madras Guaranteed Railway Company) का गठन हुआ।

1853 :

- भारत की पहली यात्री रेलगाड़ी 16 अप्रैल को बॉम्बे से थाणे के मध्य चलाई गई।
- मद्रास-अरकॉट (Arcot) रेललाइन का निर्माण कार्य प्रारंभ हुआ।

1854 :

- 15 अगस्त को भारत के पूर्वी क्षेत्र में पहली यात्री रेलगाड़ी हावड़ा से हुगली के मध्य शुरू की गई। इस रेलमार्ग की लंबाई 24 मील लगभग 38 किमी थी।
- बॉम्बे-थाणे लाइन का कल्याण तक विस्तार किया गया। साथ ही इस रेलखंड का दोहरीकरण किया गया।
- यूरोपियन तथा भारतीय यात्रियों के अनुपात के आधार पर स्टेशन को चार ग्रुपों में बांटा गया।

1855 :

- सूरत-बड़ौदा लाइन पर कार्य प्रारंभ हुआ।
- EIR 21 तथा 22 (''Express'' और Fairy Queen) ने कार्य करना आरंभ कर दिया।

1856 :

- मद्रास रेल कंपनी द्वारा भारत के दक्षिणी क्षेत्र में पहली रेलगाड़ी रोयापुरम/वियासरापाडी (Veyasarapady-मद्रास) से वालीजा रोड अरकॉट के लिए चलाई गई।
- पेरम्बूर में कैरेज एण्ड वैगन वर्कशॉप (Carriage & Wagon Workshop) की स्थापना की गयी।
- सिंध रेलवे (बाद में सिंध, पंजाब तथा दिल्ली) का निर्माण हुआ।

1858 :

- Eastern Bengal Railway तथा Great Southern of India Railway का गठन किया गया।
- खंडाला-पूना रेलखंड को परिवहन के लिए खोल दिया गया।

1859 :

- उत्तर भारत की पहली ट्रेन इलाहाबाद से कानपुर तक चलाई गई।
- Calcutta and South-Eastern रेलवे का गठन किया गया।

1862 :

– जमालपुर लोको वर्क्स (Jamalpur Loco works) की स्थापना की गई।

– लाहौर मार्ग पर अमृतसर-अटारी खंड का कार्य संपन्न हुआ।

– पहली बार डबल डेकर कोच (Double Decker Coach) का प्रयोग किय गया।

1863 :

– सोन नदी पर बिहार राज्य के आरा (Arrah) स्थित रेल पुल का निर्माण कार्य संपन्न हुआ।

– भारत में सर्वप्रथम लक्जरी कैरिज (Luxury Carriage) का निर्माण बॉम्बे के गवर्नर के लिए किया गया।

1864 :

– दिल्ली में पहली ट्रेन चली।

1865 :

– दिल्ली-अमृतसर रेलखंड पर निर्माण कार्य प्रारंभ हुआ।

– इलाहाबाद में यमुना नदी पर निर्मित पुल का उद्घाटन किया गया।

– अवध एवं रोहिलखंड रेलवे द्वारा आलमबाग वर्क्स शॉपस् (Alambagh workshops) का गठन किया गया।

1866 :

– सेंट्रल पब्लिक वर्क्स डिपार्टमेंट (CPWD) में अलग से रेलवे ब्रांच की स्थापना की गई।

– दिल्ली में यमुना नदी सड़क-सह-रेल पुल (Road-cum-Rail Bridge) का निर्माण किया गया। वर्तमान में इसे 'लोहे का पुल' नाम से जाना जाता है।

1867 :

– Indian Branch Railway Co. द्वारा लखनऊ-कानपुर रेलखंड का उद्घाटन हुआ।

1868 :

– चार बाग वर्क्सशॉप्स (Charbagh Workshops) का निर्माण अवध और रोहिलखंड रेलवे द्वारा किया गया।

1870 :

– मोबाईल पोस्ट ऑफिस सेवा (Mobile Post Office Service) की शुरुआत ट्रेन में की गई।

1872 :

– Air-Cooling First Class कोच को पहली बार शामिल किया गया।

– वाराणसी और लखनऊ के बीच रेल सेवा प्रारंभ की गई।

1873 :

- विश्व की पहली **व्यावसायिक Metre Gauge (MG) सेवा** दिल्ली और रेवाड़ी के बीच शुरू की गई।
- कलकत्ता (वर्तमान में कोलकाता) में पहली बार घोड़े से चलने वाली **'ट्राम सेवा' (Tram Service)** की शुरुआत की गई।

1874 :

- वादी-सिकंदराबाद रेलवे लाइन का निर्माण हैदराबाद के निजाम के वित्तीय सहयोग से सम्पन्न हुआ।
- रेलवे में पहली बार चतुर्थ श्रेणी के कोचों (Fourth Class Accomodations) को शामिल किया गया।
- समस्तीपुर तथा दरभंगा के बीच Metre Gauge रेल लाइन की शुरुआत **'तिरहुत स्टेट रेलवे'** (Tirhoot State Railway) द्वारा शुरू की गई।
- परेल (Parel) तथा कोलाबा (Colaba) के बीच घोड़े से चलने वाली **'ट्राम सेवा'** (Tram Service) की शुरुआत की गई।

1875 :

- हाथरस रोड-मथुरा कैंट खंड को रेल यातायात के लिए खोल दिया गया।

1878 :

- भारत में पहली बार **'हिल रेलवे'** (Hill Railway) का निर्माण कार्य सिलीगुड़ी तथा दार्जिलिंग के मध्य शुरू किया गया। **वर्तमान में इसे 'दार्जिलिंग हिमालयन रेलवे' (Darjeeling Himalayan Railway)** के नाम से जाना जाता है।

1879 :

- Continuous Vaccuum Brakes का उपयोग पैसेंजर रेक्स (Passenger-Rakes) के लिए किया गया था।
- अहमदाबाद-पालमपुर Metre Gauge खंड को यातायात के लिए खोल दिया गया।

1880 :

- Darjeeling Steam Tramway (Darjeeling Himalayan Railway) ने सिलीगुड़ी तथा दार्जिलिंग लाइन पर अपनी सेवा प्रारंभ की।
- Calcutta Tramway Co. अस्तित्व में आया।

1881 :

- अजमेर-अहमदाबाद के मध्य Metre Gauge रेल लाइन का उद्घाटन किया गया।
- दार्जिलिंग स्टीम ट्रामवे, दार्जिलिंग हिमालयन रेलवे (Darjeeling Himalayan Railway) में परिवर्तित हो गया।

1882 :

– राजपुताना स्टेट रेलवे (Rajputana State Railway) का विलय राजपुताना-मालवा रेलवे (Rajputana-Malwa Railway) में हो गया।

– रेलवे सुरक्षा बल (RPF) का पूर्ववर्ती रेलवे वाच एंड वार्ड (Railway Watch and Ward) का गठन किया गया।

– Central Public Works Department (CPWD) में डायरेक्टर जनरल रेलवे (Director General Railway) के पोस्ट का गठन किया गया।

– विक्टोरिया टर्मिनस (Victoria Terminus) को आम जनता के लिए खोल दिया गया। वर्तमान में इसे छत्रपति शिवाजी टर्मिनस के नाम से जाना जाता है।

– कलकत्ता में वाष्पचालित ट्रामवे (Steam Running Tramway) की शुरूआत की गई।

1884 :

– जोधपुर रेलवे के पाली-लूनी खंड का उद्घाटन किया गया।

– दिल्ली-मथुरा लाइन का उद्घाटन किया गया।

– भोपाल-इटारसी लाइन को भोपाल की बेगम द्वारा शुरू किया गया।

1885 :

– चतुर्थ श्रेणी (Fourth Class) के डिब्बों में बैठने के लिए सीट की व्यवस्था की गई तथा चतुर्थ श्रेणी (Fourth Class) को तृतीय श्रेणी (Third Class) में, तृतीय श्रेणी (Third Class) को द्वितीय श्रेणी (Second Class) में तथा द्वितीय श्रेणी को इंटर श्रेणी (Inter Class) में परिवर्तित कर दिया गया।

1887 :

– वाराणसी में गंगा नदी पर डफरीन पुल का निर्माण किया गया।

1889 :

– भारत में पहला सिग्नल इंजीनियर (Signal Engineer), एसी.टी.डट्टन की नियुक्ति की गई।

– विक्टोरिया टर्मिनस (Victorial Terminus) पर छह नए प्लेटफार्म का निर्माण किया गया।

– दिल्ली-अंबाला-कालका रेलवे लाइन की नींव डाली गई।

1890 :

– रेलवे एक्ट (Railway Act) पारित किया गया जिसमें रेलवे के निर्माण एवं कार्य प्रणाली को परिभाषित किया गया।

1891 :

- नीलगिरि रेलवे के लिए निर्माण कार्य शुरू किया गया। वर्तमान में इसे नीलगिरि मांउटेन रेलवे (Nilgiri Mountain Railway) के नाम से जाना जाता है।
- पहली बार प्रथम श्रेणी (First Class) के डिब्बों में शौचालय की सुविधा प्रदान की गई।

1893 :

- दिल्ली-बॉम्बे रेलमार्ग के कुछ स्थानों पर केबिन इंटरलॉकिंग (Cabin Interlocking) व्यवस्था की शुरूआत की गई।
- प्रथम रेलवे फाउंड्री की जमालपुर में स्थापना की गई।

1895 :

- मद्रास ट्राम सेवा (Madras Tram Service) की शुरूआत की गई।
- पहला लोकोमोटिव (Locomotive) का निर्माण भारत अजमेर में वर्कशॉप में किया गया।

1896 :

- भारतीय रेलवे के कुछ इंजीनियर तथा कुछ MG लोकोस (Metre Gauge Locomotives) को युगांडा में रेल सेवा की स्थापना के लिए भेजा गया।

1897 :

- यात्री कोचों में प्रकाश की व्यवस्था की गई। निम्न श्रेणी में गैस लैंप (Gas Lamp) तथा उच्च श्रेणी में विद्युत लाइट (Electric Light) की व्यवस्था की गई।

1899 :

- जमालपुर वर्क्सशॉप्स ने स्टीम लोकोमोटिव्स (Steam Locomotives) का उत्पादन शुरू किया।
- प्रथम लोकोमोटिव 'लेडी कर्जन' (Lady Curzon) का निर्माण राजस्थान स्थित अजमेर वर्कशॉप में किया गया।

1900 :

- दून रेलवे (हरिद्वार-देहरादून) का उद्घाटन किया गया।
- कलकत्ता ट्रामवे (Calcutta Tramway) का विद्युतीकरण तथा मीटर गेज (Metre Gauge) से स्टैन्डर्ड गेज (Standard Gauge) में आमान परिवर्तन करने का कार्य प्रारंभ हुआ।

1901 :

- Burn & Co. ने हावड़ा में एक Workshop की स्थापना की।
- चालीस सालों बाद रेलवे को कुछ लाभ हुआ।

1902 :

– 27 मार्च को कलकत्ता में विद्युतीकृत ट्राम (Electrify Tram) चलनी शुरू हुई।

1903 :

– कालका-शिमला रेलवे लाइन का उद्घाटन नवंबर में वायसराय लार्ड कर्जन द्वारा किया गया।

1904 :

– Kharagpur Locomotive and Carriage and Wagon Workshop की स्थापना की गई।

– माथेरान लाइट रेलवे (Matheran Light Railway) पर निर्माण कार्य प्रारंभ हुआ।

1905 :

– कलकत्ता ट्राम सेवा का पूरी तरह विद्युतीकरण कर दिया गया।

– मद्रास में पहली बार इलेक्ट्रिक ट्राम सेवा (Electric Tram Service) शुरू की गई।

– रेलवे बोर्ड ने सभी निम्न श्रेणी के बोगियों में शौचालय की सुविधा प्रदान करने का निर्णय लिया।

1906 :

– समय सारणी के लिए **'भारतीय मानक समय'** (Indian Standard Time-IST) को लागू किया गया। इससे कलकत्ता तथा कुछ अन्य स्थानों को अलग रखा गया।

1907 :

– विद्युत से चलने वाली ट्रामें (Trams) बॉम्बे में शुरू की गई।

– जयपुर-सवाई माधोपुर मीटर गेज (Metre Gauge) लाइन का उद्घाटन हुआ।

– Railway Mail Service (RMS) की स्थापना की गई।

– माथेरान लाइट रेलवे का परिचालन प्रारंभ हुआ।

1908 :

– पैसेन्जर कोचों में अंदर की तरफ खुलने वाले दरवाजे लगने शुरू हुए।

– कलकत्ता ट्राम नेटवर्क (Calcutta Tram Network) को शिवपुर (Sibpur) तक वाया जी.टी.रोड, विस्तार किया गया।

1920 :

– डबल डेकर इलेक्ट्रिक ट्राम सेवा (Double Deckere Electric Tram Services) की बॉम्बे में शुरूआत की गई।

– सिग्नल के लिए विद्युत प्रकाश का प्रयोग दादर तथा करी रोड (Currey Road) रेल खंड के बीच किया गया।

1924 :

- रेल बजट को अलग से प्रस्तुत करने की संस्तुति रेलों के विकास के लिए गठित एक्टवर्थ समिति (Actworth Committee) ने 1924 में की।
- रेल बजट का आम बजट से अलग प्रस्तुतीकरण प्रारंभ हुआ।

1925 :

- विक्टोरिया टर्मिनस (Victorial Terminus) से कुर्ला के मध्य पहली बार इलेक्ट्रिक ट्रेनें चलाई गई।
- पहली बार रेलवे बजट पेश किया गया।

1926 :

- लखनऊ के चारबाग स्टेशन का निर्माण किया गया।

1930 :

- Frontier Mail को समाचार-पत्र 'The Times' (लंदन) ने ब्रिटिश साम्राज्य की सबसे प्रसिद्ध ट्रेन का दर्जा दिया।

1936 :

- प्रथम श्रेणी (First Class) के कुछ कोचों को वातानुकूलित (AC) बनाया गया।

1945 :

- बांद्रा स्टेशन (मुंबई) देश का पहला All Electric Interlocking व्यवस्था वाला स्टेशन बन गया।

1948 :

- भारतीय मानक समय (Indian Standard Time-IST) का देश के सभी हिस्सों में प्रयोग किया जाने लगा।
- दार्जिलिंग हिमालय रेलवे (Darjeeling Himalayan Railway) को सरकार ने अपने हाथों में ले लिया।

1950 :

- चितरंजन लोको वर्क्स (Chittaranjan Loco Works-CLW) की स्थापना। CLW द्वारा निर्मित प्रथम भाप इंजन (Steam Engine) **'देशबंधु'** था।

1951 :

- दक्षिण रेलवे (Southern Railway-SR), मध्य रेलवे (Central Railway-CR) तथा पश्चिमी रेलवे (Western Railway-WR) जोनों (Zones) का उद्घाटन किया गया।
- Chief Commission of Railways का पद समाप्त कर दिया गया।

1952 :

- उत्तर रेलवे (Northern Railway-NR), पूर्वी रेलवे (Eastern Railway-ER) तथा पूर्वोत्तर रेलवे (North-East Railway-NER) जोनों का उद्घाटन किया गया।

1954 :

– रेलवे बोर्ड का पुनर्गठन किया गया।

– तृतीय श्रेणी (Third Class) के कोचों से Sleeping Accomodation शुरू किया गया।

– अमृतसर-लाहौर के बीच पुनः रेल सेवा शुरू की गई।

– रेल सुरक्षा पर सुझाव देने के लिए **'शाहनवाज समिति'** का गठन किया गया।

1955 :

– दक्षिण-पूर्वी रेलवे (South-Eastern Railway) जोन का गठन किया गया।

– स्विट्ज़रलैंड की एक कंपनी के सहयोग से Integral Coach Factory का पेरम्बुर (तमिलनाडु) में उद्घाटन हुआ।

1956 :

– चर्च गेट-मेरिन (Marine) रेल खंड के मध्य भारत की पहली 'Route-Relay Interlocking' व्यवस्था शुरू की गई।

– हावड़ा-दिल्ली के बीच पहली बार पूरी तरह वातानुकूलित ट्रेन (Air Conditioned Train) चलाई गई।

1957 :

– लोकोमोटिव्स (Locomotives) की गणना के लिए 'All-India Numbering Scheme' व्यवस्था लागू की गई।

– अनुसंधान, डिजाइन एवं मानक संगठन (Research, Designs and Standards Organization-RDSO) की लखनऊ में स्थापना की गई।

1958 :

– पूर्वोत्तर सीमांत रेलवे (North East Frontier Railway-NFR) जोन का गठन किया गया।

1959 :

– Permanent Way Training School (IRICEN) की स्थापना की गई।

1961 :

– डीजल लोकोमोटिव वर्क्स (Diesel Locomotive Works-DLW) वाराणसी की स्थापना की गई।

– चितरंजन लोको वर्क्स (CLW) ने पहला इलेक्ट्रिक लोको (1500 DC) **'लोकमान्य'** का निर्माण किया।

1962 :

– दिल्ली में ट्राम सेवा (Tram Service) का परिचालन बंद कर दिया गया।

– रेल सुरक्षा पर सुझाव देने के लिए **'कुंजरू समिति'** का गठन किया गया।

1964 :

– बॉम्बे में ट्राम सेवा (Tram Service) का परिचालन बंद कर दिया गया।

– नई दिल्ली से आगरा के लिए ताज एक्सप्रेस सेवा की शुरूआत की गई।

1967 :

– Calcutta Tramways Co. को पं. बंगाल की सरकार ने अपने अधीन ले लिया।

– द्वितीय श्रेणी (Second Class) के शयनयान कोचों (Sleeper Coaches) को कुछ ट्रेनों में शुरू किया गया।

1968 :

– रेल सुरक्षा पर सुझाव देने के लिए **'वांचू समिति'** का गठन किया गया।

1974 :

– All India Railway Men's Federation की जार्ज फर्नांडिस, जो कि इसके अध्यक्ष थे, के नेतृत्व में अब तक की रेलवे की सबसे बड़ी हड़ताल हुई।

– कलकत्ता मेट्रो रेलवे का निर्माण कार्य प्रारंभ हुआ।

1975 :

– रेलवे इंडिया टेक्निकल एंड इकनॉमिक सर्विसेज लिमिटेड (RITES) से अलग करके इरकॉन (IRCON-Indian Railway Construction International Ltd.) का गठन किया गया।

– इंडियन रेलवे को पहली बार तंजानिया को लोकोमोटिव्स (Locomotives) निर्यात करने का अवसर मिला।

– तमिलनाडु एक्सप्रेस का उद्घाटन किया गया।

– भारत और पाकिस्तान के मध्य समझौता एक्सप्रेस का परिचालन प्रारंभ हुआ।

– मुंबई नगरीय ट्रेन (Mumbai Suburban Train) में धूम्रपान निषेध किया गया।

1977 :

– नई दिल्ली में राष्ट्रीय रेल संग्रहालय (National Rail Museum) खोला गया।

1978 :

– रेल सुरक्षा पर सुझाव देने के लिए **'सीकरी समिति'** का गठन किया गया।

1979 :

– CORE (Central Organisation For Railway Electrification) का गठन किया गया।

– दक्षिण रेलवे के त्रिवेंद्रम डिवीजन का गठन हुआ।

1981 :

– Diesel Component Works, पटियाला का गठन किया गया।

1984 :

– मुंबई राजधानी लंबी दूरी की पहली ट्रेन हो गई जिसमें पहली बार Air Brakes का प्रयोग किया गया।

1985 :

– दक्षिण रेलवे जोन देश का ऐसा पहला जोन हो गया जिसने ब्रॉड गेज (Broad Gauge) पर पूरी तरह से वाष्प इंजन (Steam Locomotive) के परिचालन को हटा दिया।

1986 :

– IRCOT (Indian Railway Central Organisation for Telecom) का गठन हुआ।

– नई दिल्ली में कंप्यूटराइज्ड टिकट (Computerised Ticket) तथा आरक्षण (Reservation) व्यवस्था शुरू की गई।

1987 :

– रेल कोच फैक्टरी, कपूरथला की स्थापना की गई।

1988 :

– CONCOR (Container Corporation of India) की स्थापना की गई।

– रेल कोच फैक्टरी, कपूरथला में पहली बार कोच का उत्पादन हुआ।

– शताब्दी ट्रेन, नई दिल्ली से झांसी तक, पहली बार चलाया गया। शताब्दी ट्रेन देश की सबसे तीव्र रफ्तार से चलने वाली ट्रेन है।

1989 :

– नई दिल्ली से कानपुर के बीच दूसरी शताब्दी ट्रेन का परिचालन शुरू हुआ।
– कोंकण रेलवे पर निर्माण कार्य प्रारंभ हुआ।

1990 :

– नई दिल्ली में पहली बार Self Printing Ticket Machine (SPTM) का प्रयोग किया गया।

1992 :

– भारतीय रेलवे द्वारा एक समान रेलवे लाइन परियोजना (Uini-Gauge Project) प्रारंभ की गई। इसके तहत देश की सभी छोटी व मध्यम लाइनों (Narrow & Medium Gauges) को बड़ी लाइनों (Broad Gauges) में बदला जाना है।

1993 :

– AC3-Tier कोच को शामिल किया गया।

1996 :

– केंद्रीय मंत्रिमंडल ने दिल्ली मेट्रो (Delhi Metro) के निर्माण को अपनी मंजूरी प्रदान की।

1998 :

– कोंकण रेलवे का निर्माण कार्य संपन्न हुआ तथा पहली यात्री गाड़ी को 26 जनवरी को हरी झंडी दिखाकर रवाना किया गया।

– रेल सुरक्षा पर सुझाव देने के लिए **'खन्ना समिति'** का गठन किया गया।

1999 :

– दार्जिलिंग हिमालयन रेलवे (Darjeeling Himalayan Railway) को UNESCO ने विश्व धरोहर (World Heritage) का दर्जा दिया।

– चुनिंदा रेलवे स्टेशनों पर टिकट बुकिंग (Ticket Booking) के लिए क्रेडिट कार्ड (Credit Card) स्वीकार किया जाने लगा।

2000 :

– मुंबई नगरीय रेल सेवा (Mumbai Suburban Rail Service) में टिकट चेकिंग के लिए महिलाओं का एक दस्ता तेजस्वनी बनाया गया।

2002 :

– गोधरा में साबरमती एक्सप्रेस में दंगाइयों द्वारा लगाई गई आग में बहुत से हिन्दू तीर्थयात्री मारे गये।

– जनशताब्दी एक्सप्रेस का परिचालन शुरू किया गया।

– भारतीय रेलवे ने राष्ट्रीय सेवा का अपना 150वां वर्ष मई में पूरा किया।

– 14 जून को दो नए जोन-East-Central और North-Western का गठन किया गया।

– 6 जुलाई को नए जोन-East Coast, South Western, South East, Central, North Central और West Central का गठन किया गया।

– भारतीय रेलवे ने इंटरनेट (Internet) द्वारा रेलवे टिकट आरक्षण की सुविधा शुरू की।

– 25 दिसंबर को दिल्ली मेट्रो (Delhi Metro) ने अपनी सेवा शुरू की। यह सेवा तीस हजारी से शाहदरा तक थी।

2003 :

– अप्रैल से 7 नए रेलवे जोन ने कार्य करने शुरू कर दिए।

– आनंद विहार (दिल्ली) तथा कोलकाता के चितपुर में मेगा रेल टर्मिनल बनाने की योजना शुरू की गई।

– राष्ट्रीय रेल विकास योजना शुरू की गई।
– रेल विकास निगम की स्थापना की गई।

2004 :

– 12 जुलाई को पहली मालगाड़ी कोलकाता से नेपाल गई।
– 19 दिसंबर को दिल्ली में पहली बार भूमिगत मेट्रो ट्रेन (विश्वविद्यालय से कश्मीरी गेट तक) चली।
– संपर्क क्रांति एक्सप्रेस योजना शृंखला की पहली ट्रेन **'कर्नाटक संपर्क क्रांति एक्सप्रेस'** (8 फरवरी, 2004) दिल्ली के निजामुद्दीन स्टेशन से बंगलुरू के यशवंतपुर स्टेशन के बीच प्रारंभ हुई।
– विलेज ऑन व्हील्स (Village on Wheels) नाम पर्यटक रेलगाड़ी की शुरूआत। तत्कालीन रेलमंत्री ने इस रेलगाड़ी को भारत-दर्शन नाम दिया।

2005 :

– ऊधमपुर-जम्मूतवी रेल लाइन का उद्घाटन हुआ तथा नई दिल्ली से ऊधमपुर के लिए उत्तर संपर्क क्रांति रेलगाड़ी का परिचालन प्रारंभ हुआ।
– इंडियन रेलवे ने बायो डीजल (Bio-Diesel) के लिए 'जट्रोफा' (Jatropha) नामक पौधे की खेती शुरू की।
– दिल्ली मेट्रो रेल की बाराखम्बा-द्वारका लाइन को यातायात के लिए खोल दिया गया।
– जम्मू-वारामूला रेलमार्ग परियोजना के पहले चरण के तहत जम्मू-ऊधमपुर (54.85 किमी) के मध्य रेल यातायात 13 अप्रैल, 2005 से प्रारंभ हो गया।
– नीलगिरि माउंटेन रेलवे (Nilgiri Mountain Railway) को UNESCO ने अपनी विश्व धरोहर स्थल (World Heritage Site) सूची में शामिल कर लिया।

2006 :

– 18 फरवरी से भारत एवं पाकिस्तान के मध्य दूसरी रेलगाड़ी **'थार एक्सप्रेस'** का परिचालन प्रारंभ हुआ।
– पहली गरीब रथ रेलगाड़ी सहरसा और अमृतसर के मध्य 4 अक्टूबर से प्रारंभ की गई।

2007 :

– रेलवे संबंधी जानकारियों के लिए तीन अंकों (139) वाली पूछताछ सेवा की शुरूआत 17 जुलाई को की गई। इस एकीकृत पूछताछ प्रणाली (Integrated Train Enquiry System-ITES) को **रेल संपर्क** नाम दिया गया है।
– जगजीवन राम रेलवे, सुरक्षा बल अकादमी, लखनऊ को केंद्रीकृत प्रशिक्षण संस्थान का दर्जा दिया गया।

– AIDS/HIV के प्रति जागरुकता लाने के लिए 'रेड रिब्बन' (Red Ribbon) नामक विशेष रेलगाड़ी चलाई गई।

2008 :

– 14 अप्रैल, 2008 से भारत और बांग्लादेश के बीच **'मैत्री-एक्सप्रेस'** नामक रेल सेवा प्रारंभ हो गई।

– त्रिपुरा की राजधानी अगरतला को रेल लाइन से जोड़ दिया गया। **स्वतंत्रता के बाद यह पहला मौका है जब किसी पूर्वोत्तर राज्य की राजधानी को रेल लाइन से जोड़ा** गया है।

2009 :

– पूर्वी डेडीकेटेड फ्रेट कॉरिडोर (Eastern Dedicated Freight Corridor) पर दोहरी लाइन निर्माण का कार्य बिहार के रोहतास जिला के अंतर्गत डेहरी-ऑन-सोन नामक स्थान के निकट से 10 जनवरी, 2009 से प्रारंभ।

– देश में पहली राजधानी एक्सप्रेस रेलगाड़ी के परिचालन के 40 वर्ष 1 मार्च, 2009 को पूरे हुए।

2010 :

– 52 लम्बी दूरी की एक्सप्रेस एवं 28 पैसेन्जर ट्रेनों को शुरू करने की घोषणा।

– महिलाओं, अल्पसंख्यकों और आर्थिक रूप से पिछड़े वर्ग के लोगों को रेलवे की परीक्षाओं के परीक्षा शुल्क से मुक्ति।

2011 :

– कोलकाता मेट्रो, रेलवे का 17वाँ जोन बना।

– गो इंडिया कार्ड के नाम से नई स्मार्ट कार्ड सेवा की शुरुआत।

– ऐतिहासिक स्थलों से 4 'जन्मभूमि गौरव' नामक नई ट्रेनें चलाए जाने की घोषणा।

2012 :

– सैटेलाइट आधारित रीयल टाइम ट्रेन सूचना सिस्टम का आरंभ।

– सभी मेल, एक्सप्रेस ट्रेनों में विकलांगों के लिए खास कोच।

– खिलाड़ियों को प्रोत्साहन देने के लिए प्रतिवर्ष 10 रेल खेल रत्न पुरस्कार देने की घोषणा।

2013 :

– भारतीय रेल ने 16 अप्रैल, 2013 को अपनी स्थापना के 160 साल पूरे कर लिए।

2014 :

– तत्काल कोटे की टिकटों की भारी माँग को देखते हुए इस कोटे की 50 प्रतिशत टिकटों को प्रीमियम दरों पर बेचने की शुरुआत रेलवे ने 1 अक्टूबर, 2014 से की है।

2015 :

– केंद्र ने भारत-बांग्लादेश रेल लिंक के लिए ₹ 1000 करोड़ प्रदान किए।

2016 :

- **गतिमान एक्सप्रेस**–गतिमान एक्सप्रेस को 5 अप्रैल, 2016 को शुरू किया गया। यह 160 किमी. प्रति घंटा की गति से चलती है और भारत की सबसे तेज रेलगाड़ी है। यह हजरत निजामुद्दीन (दिल्ली) रेलवे स्टेशन से आगरा छावनी के बीच चलती है।

- **महामना एक्सप्रेस**–महामना एक्सप्रेस एक त्रि-साप्ताहिक सुपरफास्ट ट्रेन सेवा है। यह एक्सप्रेस वाराणसी और नई दिल्ली के मध्य चलती है। इस ट्रेन का नाम स्वतंत्रता सेनानी और महान शिक्षाविद् श्री मदनमोहन मालवीय के नाम पर रखा गया। इस ट्रेन को भारत के प्रधानमंत्री नरेंद्र मोदी के द्वारा 23 जनवरी, 2016 को किया गया। यह ट्रेन आधुनिक सुविधाओं से युक्त है।

2017 :

- एक पुनर्वसन रैक को रवाना करना, नवपाड़ा स्टेशन पर एक अतिरिक्त प्लेटफॉर्म का उद्घाटन करना और दमदम मेट्रो स्टेशन पर एक लिफ्ट को चालू करना।

- 22877/22878 हावड़ा-एर्णाकुलम अंत्योदय एक्सप्रेस का हावड़ा से नियमित परिचालन शुरू करना।

- राउरकेला-बंडामुंडा चौथी लाइन की आधारशिला रखना और भुवनेश्वर से वीडियो कॉन्फ्रेंसिंग के माध्यम से झंडी दिखाकर 18417/18418 राउरकेला-भुवनेश्वर राज्यरानी एक्सप्रेस को गुणुपूर तक चलाना।

- 22886/22885 टाटानगर-मुंबई लोकमान्य तिलक टर्मिनस द्वि-साप्ताहिक अंत्योदय एक्सप्रेस को टाटानगर से झंडी दिखाकर रवाना करना।

- गिणिगेरा और चिक्कबेणकल के बीच चालू की गई नई रेलवे लाइन पर गाड़ी सेवाओं को झंडी दिखाकर रवाना करना।

- गुवाहाटी से असम के करीमगंज जिले में नए आमान परिवर्तित बड़ाईग्राम-दुल्लाबछेरा खंड में पहली बड़ी लाइन यात्री गाड़ी सेवाओं को झंडी दिखाकर रवाना करना।

2018 :

- भारतीय रेल के शोध विभाग ने प्रणालियों तथा प्रक्रियाओं को डिजिटल और पारदर्शी बनाने के उद्देश्य से 'नई ऑनलाइन विक्रेता पंजीयन' प्रणाली की शुरूआत 9 जनवरी, 2018 को की।

- रेल मंत्रालय ने 6 फरवरी, 2018 को नई दिल्ली में रेलवे अस्पतालों में आयुष सेवाओं को बढ़ावा देने के लिए आयुष मंत्रालय के साथ सहमति पत्र पर हस्ताक्षर किए।

- रेल मंत्रालय ने रेलगाड़ियों की आवाजाही का सही समय का रिकॉर्ड रखने के लिए मैन्युल के बजाय इलेक्ट्रॉनिक उपकरण डेटा लॉगर के माध्यम से मार्च, 2018 से शुरू किया।

□□□

13 | विविध तथ्य

भारतीय रेलवे विविध प्रकार के रौलिंग स्टॉक और भारी इंजीनियरिंग का सामान बनाती है। एक विकासशील अर्थव्यवस्था वाला देश होने के कारण भारत को उत्पादन और उससे संबद्ध महत्वपूर्ण तकनीकी आदि का आयात अन्य देशों से करना पड़ता है।

भारतीय रेलवे की उत्पादन और निर्माण इकाइयों का प्रबंधन पूरी तरह से रेलवे द्वारा किया जाता है। **भारतीय रेलवे की प्रमुख उत्पादन इकाइयां निम्नलिखित हैं–**

1. चित्तरंजन लोकोमोटिव वर्क्स, चित्तरंजन
   (Chittaranjan Locomotive Works, Chittaranjan)
2. डीजल लोकोमोटिव वर्क्स, वाराणसी
   (Diesel Locomotive Works, Varanasi)
3. डीजल-लोको माडर्नाइजेशन वर्क्स, पटियाला
   (Diesel-Loco Modernisation Works, Patiala)
4. इंटीग्रल कोच फैक्ट्री, चेन्नई
   (Integral Coach Factory, Chennai)
5. रेल कोच फैक्ट्री, कपूरथला
   (Rail Coach Factory, Kapurthala)
6. रेल ह्वील फैक्ट्री, बंगलुरू
   (Rail Wheel Factory, Bungluroo)

भारतीय रेल की अन्य स्वतंत्र इकाइयां

1. सेंट्रल ऑर्गनाइजेशन फॉर इलेक्ट्रिफिकेशन, इलाहाबाद
   (Central Organization For Railway Electrification, Allahabad)
2. सेंट्रल ऑर्गनाइजेशन फॉर माडर्नाइजेशन ऑफ वर्कशॉप, नई दिल्ली
   (Central Organization For Modernization of Workshops, New Delhi)

मुख्य मरम्मत कार्यशाला
(Main Maintenance Workshop)

1. दक्षिणी रेलवे कार्यशाला, त्रिचुरापल्ली
   (Southern Railway Workshop, Trichirapalli)

2. रेल स्प्रिंग कारखाना, ग्वालियर
   (Rail Spring Karkhana, Gwalior)

रेल मंत्रालय

भारतीय रेलवे का प्रभार रेल मंत्रालय के अंतर्गत है। यह मंत्रालय रेल परिवहन पर एकाधिकार रखता है। रेल मंत्रालय का संचालन कैबिनेट मंत्री के अतिरिक्त अन्य दो मंत्रियों द्वारा किया जाता है। रेलवे बोर्ड, भारतीय रेलवे का सर्वोच्च अंग है। यह बोर्ड प्रत्येक विवरण रेल मंत्रालय को प्रस्तुत करता है। **रेल मंत्रालय नई दिल्ली स्थित "रेल भवन" में है।**

रेल मंत्रालय ने सामान्य बजट से रेल बजट को 1924 में अलग कर लिया। एक समय में रेलवे बजट सामान्य बजट का 70 प्रतिशत था। अतः इसे 1924 में अलग कर दिया गया ताकि प्रत्येक बजट की प्राथमिकताओं पर ध्यान दिया जा सके। वर्तमान में रेलवे बजट सामान्य बजट का लगभग 15 प्रतिशत है।

रेलवे सुरक्षा बल
(Railway Protection Force)

भारत में रेलवे की रख-रखाव व सुरक्षा का मुद्दा इसके स्थापना के समय से ही अहम रहा है। क्योंकि उस समय भी यह भारत में संचार एवं आर्थिक प्रगति का मुख्य माध्यम था। उस समय दूर-दूर स्थित अंतर्राज्यीय लाइनों को समुचित रूप से सुरक्षित बनाना कठिन कार्य था। इस कठिनाई से निपटने के लिए 1854 में ईस्ट-इंडियन रेलवे (East Indian Railway) ने अपने कुछ कर्मचारियों को पुलिस एक्ट, 1861 (Police Act. 1861) के अंतर्गत् अपना पुलिस नियुक्त किया। इस नियुक्ति के बाद इन पुलिसकर्मियों को रेलवे की सुरक्षा में लगा दिया गया।

1872 के रेलवे पुलिस समिति की सिफारिश पर रेलवे पुलिस को कानून-व्यवस्था के रख-रखाव के लिए सरकारी पुलिस के रूप में संगठित किया गया। इसके कार्यों का बंटवारा

1881 से प्रभाव में आया। इनके कार्यों के बंटवारा के बाद इस पुलिस बल को 1882 में गवर्नमेंट पुलिस और निजी पुलिस (Companies Police) के रूप में रेलवे में तैनात किया गया लेकिन रेलवे कंपनियों ने प्रत्यक्षतः अपनी संपत्ति एवं सामान की सुरक्षा की प्रत्यक्ष जिम्मेवारी लेते हुए अपने अनेक विभागों के प्रमुख के नियंत्रण में चौकीदारों की नियुक्ति की। रेल परिवहन के बढ़ते दबाव एवं परिवहन के दौरान सामानों की चोरी जैसी घटनाओं ने चौकीदारी व्यवस्था के पुनर्गठन को जरूरी बना दिया। प्रथम विश्व युद्ध के बाद रेलवे की देख-रेख करने के लिए एक सर्वोच्च अधिकारी के तहत इस व्यवस्था को लाया गया। यह व्यवस्था 1954 तक लागू रही। इसके बाद रेलवे पुलिस प्रशासन तीन विभिन्न प्रणालियों के तहत कार्य करने लगा। 1872-1954 तक के बीच जो पुलिस कंपनी पुलिस (Companies Police) थी वही वर्तमान में रेलवे सुरक्षा बल (RPF) है, जिसका गठन 1957 में किया गया। इस बल को सीमित मात्रा में कानूनी शक्ति दी गई है।

इस प्रकार पूरे 100 वर्ष में यह बल (RPF), रेलवे को जो कि भारत के संचार तथा आर्थिक प्रगति में काफी सहायक रहा है, के लिए महत्त्वपूर्ण सुरक्षा प्रदान किया है। अगस्त, 1857 में रेलवे सुरक्षा बल एक्ट को एक संसदीय कानून के तहत पुनर्गठित किया गया। आर पी एफ (RPF) कानून 10 सितंबर, 1959 को बना जिसे 1966 में पुनः संशोधित किया गया। 1962 में भारत-चीन युद्ध के दौरान आर पी एफ (RPF) को कानूनी अधिकार दिए गए।

आरपीएफ की भूमिका (Role of RPF)

इस सुरक्षा बल को रेलवे के यात्रियों व सामानों की सुरक्षा के अतिरिक्त अन्य कार्य भी करने पड़ते हैं, जैसे–

1. महत्त्वपूर्ण रेल प्रतिष्ठानों एवं परिसरों की रखवाली।
2. प्लेटफार्म, ट्रेन एवं यात्रियों के भीड़-भाड़ वाले इलाके की समुचित तरीके से देखभाल।
3. संवेदनशील इलाकों में यात्री एवं मालगाड़ियों की सुरक्षा करना।
4. रेलवे क्षेत्र में पड़ी वैसी संदिग्ध वस्तुओं को हटाना जिससे यात्रियों एवं रेल संपत्ति को नुकसान पहुँच सकती है।
5. रेलवे को सभी प्रकार से सुरक्षित बनाने का उपाय करना।

जीआरपी की भूमिका (Role of GRP)

जीआरपी की कार्य प्रणाली जिला पुलिस के समान है। इस बल की मुख्य भूमिका निम्नलिखित है :-

1. स्टेशन परिसर में यात्रियों के भीड़ को नियंत्रित करना।
2. प्लेटफार्म पर ट्रेन से उतरने वाले यात्रियों के भीड़ को नियंत्रित करना तथा उन्हें उचित तरीके से स्टेशन परिसर से बाहर जाने की व्यवस्था करना।

3. स्टेशन परिसर में अनावश्यक गाड़ियों की आवाजाही पर रोक लगाना।

4. ट्रेनों के आने एवं जाने से पूर्व एवं बाद में संवेदनशील वस्तुओं की जांच-पड़ताल करना।

5. स्टेशन परिसर में अनावश्यक रूप में घूमने वाले लोग, यथा-भिखारी, रोगी एवं कबाड़ी लोगों को परिसर से अलग रखना।

आरपीएफ प्रशिक्षण केंद्र
(RPF Training Centre)

1. बीसीटीसी/आरपीएफ लाइन्स/दया बस्ती, दिल्ली—यह आरपीएफ के कुत्तों तथा उन्हें संचालित करने वाले लोगों को प्रशिक्षित करती है।

2. पोदनूर क्षेत्रीय प्रशिक्षण केंद्र—यहां आरपीएफ के कुत्तों को प्रशिक्षित किया जाता है।

3. केंद्रीय शस्त्र मरम्मत शॉप (CARS), दाहोद-पश्चिमी रेलवे द्वारा संचालित इस केंद्र में अस्त्र-शस्त्र के मरम्मत के लिए विशेष कोर्स चलाया जाता है।

4. जगजीवन राम आरपीएफ अकादमी, लखनऊ—अब यह केंद्रीकृत प्रशिक्षण संस्थान बन गया है।

Zonal RPF Training Centres	
West Central Rly.	Chinkhill
Central Rly.	(Maharashtra)
Western Rly.	Valsad (Gujarat)
Southern Rly.	Trichy
South-Western Rly.	(Tamilnadu)
Northern Rly.	Lucknow
North-Central Rly.	(Uttar Pradesh)
East Central Rly.	Mokama
East Coast Rly.	Kharagpur
South Eastern Rly.	(West Bengal)
South Central Rly.	Maula-Ali Secundrabad (A.P.)
Railway Protection	Rajahi Camp,
Special Force	Gorakhpur (Uttar Pradesh)
North Frontier Rly.	Damohani
	New Jalpaiguri (W. Bengal)
North Eastern Rly.	Gorakhpur (Utter Pradesh)
North Western Rly.	Bandhikui (Rajashtan)
Eastern Rly.	Kachrapara

रेल रक्षा कवच : टक्कररोधी उपकरण

रेल यात्रा को सुरक्षित बनाने के उद्देश्य से कोंकण रेलवे ने स्वदेशी तकनीक से '**रक्षा कवच**' नामक टकराव-प्रतिरोधक उपकरण (Anti-Collision Devices-ACD) का विकास किया है। इस उपकरण को विश्व का पहला नेटवर्कड एंटी-कॉलिजन डिवाइस (Networks Anti-Collision Devices) होने का दावा रेलवे द्वारा किया गया है। इसके माध्यम से रेलगाड़ियों के आपसी तथा लेबल क्रॉसिंग पर टकराव को रोका जा सकता है।

कोंकण रेलवे द्वारा निर्मित विश्व का यह पहला टक्कररोधी उपकरण (Anti-Collision Device-ACD) एक माइक्रो प्रोसेसर आधारित प्रणाली है जिसमें एक सेंट्रल प्रोसेसर यूनिट (CPU), ग्लोबल पोजीशनिंग सिस्टम (GPS), रिसीवर (Receiver) तथा अन्य ACDs के साथ संपर्क के लिए एक डिजिटल रेडियो मॉडेम लगा हुआ है। जब इस ACD को गार्ड-यान (Guard Coach) के साथ लगाया जाता है तो इसे गार्ड एसीडी (Guard ACD) कहा जाता है, जबकि इसे स्टेशन से संबद्ध करने पर यह स्टेशन एसीडी (Station ACD) तथा समपारों (Level Crossings) फाटकों से संबद्ध करने पर यह गेट एसीडी (Gate ACD) कहलाता है। ये सभी आपस में नेटवर्क से जुड़े होते हैं और सूचनाओं का आदान-प्रदान करते हुए टक्कर की खतरनाक स्थिति को रोकने के लिए मानवीय कार्य के बिना सही समय में अपने आप निर्णय लेकर रक्षा कवच प्रदान करते हैं।

भारतीय रेलवे के टक्कररोधी उपकरण नेटवर्क (रक्षा कवच) के कार्यान्वयन की राष्ट्रीय परियोजना का शुभारंभ पूर्वोत्तर सीमांत रेलवे (North East Frontier Railway) के बिहार राज्य स्थित किशनगंज रेलवे स्टेशन पर 20 जनवरी, 2004 को किया गया।

रेल सुरक्षा पर निर्मित समितियां	
समिति का नाम	**गठन का वर्ष**
शाहनवाज समिति	1954
कुंजरू समिति	1962
वांचू समिति	1968
सीकरी समिति	1978
खन्ना समिति	1998

भारतीय रेलवे में सर्वप्रथम

- भारतीय रेलवे की सर्वप्रथम रेलगाड़ी 16 अप्रैल, 1853 को बोरीबंदर, मुंबई (अब छत्रपति शिवाजी टर्मिनल) से थाणे के मध्य शुरू हुई थी।

- सर्वप्रथम **भूमिगत मेट्रो रेलवे** कोलकाता में 24 अक्टूबर, 1984 को परिचालित हुई थी।

- सर्वप्रथम **कंप्यूटरीकृत यात्री आरक्षण व्यवस्था** 15 नवम्बर, 1985 को नई दिल्ली में शुरू हुई थी।

- सर्वप्रथम **ब्राड गेज** (Broad Gauge) सुपरफास्ट ट्रेन नई दिल्ली और हावड़ा के बीच **'राजधानी एक्सप्रेस'** के रूप में 1 मार्च, 1969 को चलाई गई थी।

- सर्वप्रथम मीटर गेज (Metre Gauge) सुपर फास्ट एक्सप्रेस ट्रेन **'पिंकसिटी एक्सप्रेस'** थी जो दिल्ली और जयपुर के बीच चली थी।

- भारत का सर्वप्रथम स्वदेशी भाप इंजन (Steam Locomotive) **'एफ-734'** है। इसका निर्माण अजमेर कारखाना द्वारा वर्ष 1895 में, राजपूताना रेलवे में उपयोग के लिए किया गया था। वर्तमान में इसे रेल परिवहन संग्रहालय नई दिल्ली में रखा गया है।

- भारतीय रेलवे में सर्वप्रथम प्रचालित भाप इंजन, 'फाकलैंड' था जिसे इंग्लैंड से मंगाया था। यह 16 अप्रैल, 1853 को बोरीबंदर से थाणे के बीच चला था।

- भारत की सर्वप्रथम **सबसे लंबी रेलवे सुरंग** मंकी हिल से खंडाला स्टेशन के बीच (2100 मीटर) बनाया गया था जो आवागमन हेतु 5 जुलाई, 1982 को खोला गया था।

- भारतीय रेलवे में सर्वप्रथम **'महिला स्पेशल ट्रेन'** 5 मई, 1992 को पश्चिम रेलवे के चर्चगेट-बोरीबली रेलखंड में शुरू की गई थी।

- भारतीय रेलवे में सर्वप्रथम **महिला रेलवे ड्राइवर** सुश्री सुरेखा भोंसले थीं जो 1990 में ट्रेनीज सहायक ड्राइवर के पद पर (मध्य रेलवे में) नियुक्त हुई थीं।

- भारतीय रेलवे में सर्वप्रथम **एकमात्र महिला डीजल ड्राइवर** सुश्री मुमताज काथावाला थी जो 1992 मे सहायक डीजल, ड्राइवर पद पर (मध्य रेलवे में) नियुक्त हुई थी।

- भारतीय रेलवे में सर्वप्रथम **रेल दुर्घटना** 25 जनवरी, 1869 को भोरघाट (पूना-मुंबई मार्ग) में हुआ था।

- भारतीय रेलवे बोर्ड की स्थापना लार्ड कर्जन के शासन काल में मार्च 1905 में हुई थी।

- सर्वप्रथम **स्वचालित सीढ़ियां**, (Escalators) मेट्रो रेलवे कोलकाता में लगाई गई थी।

- भारतीय रेलवे में **सर्वप्रथम पर्यटन रेलगाड़ी** 'पैलेस ऑन व्हील्स' वर्ष 1982 में दिल्ली-जयपुर के मध्य शुरू की गई थी।

- भारतीय रेलवे में सर्वप्रथम **वातानुकूलित रेलगाड़ी** (AC Train) मुंबई और बड़ौदा के बीच 1936 में शुरू की गई थी।

- भारतीय रेलवे में सर्वप्रथम DC विद्युत से चलने वाली उपनगरीय इएमयू (EMU) रेल सेवा वर्ष 1928 में कोलाबा और बोरीबली के मध्य चलाई गई थी।

- भारतीय रेलवे में सर्वप्रथम रेलगाड़ियों में **टेलीफोन (STD/ISD) सेवा मुंबई**-नई दिल्ली राजधानी एक्सप्रेस में 11 अक्टूबर, 1996 को शुरू किया गया था।

- भारतीय रेलवे में सर्वप्रथम **कंप्यूटरीकृत सीजन टिकट** की शुरुआत मध्य रेलवे द्वारा मुंबई और पुणे के मध्य शुरू किया गया था।

- भारतीय रेलवे में सर्वप्रथम **स्वचालित सिग्नल प्रणाली** 1928 में मध्य रेलवे द्वारा शुरू की गई थी।

- भारतीय रेलवे में सर्वप्रथम **तत्काल आरक्षण सेवा** 20 दिसंबर 1997 को नई दिल्ली - अमृतसर शताब्दी एक्सप्रेस से प्रारंभ किया गया था।

- भारतीय रेलवे में सर्वप्रथम **गार्ड एवं ड्राइवर के मध्य टेलीफोन संचार सेवा** 20 जून, 1982 को मुंबई-नई दिल्ली राजधानी एक्सप्रेस में प्रारंभ की गई थी।

- 16 अप्रैल, 2002 से मुंबई-मडगांव के मध्य देश की पहली जनशताब्दी एक्सप्रेस का परिचालन प्रारंभ।

भारत में गैर-सरकारी रेलें

1. मुंबई पोर्ट ट्रस्ट रेलवे   - मुंबई
2. कोलकाता पोर्ट ट्रस्ट रेलवे - कोलकाता
3. चेन्नई पोर्ट ट्रस्ट रेलवे   - चेन्नई

अन्य महत्त्वपूर्ण तथ्य

- भारतीय रेलवे में 16 अप्रैल को **रेल दिवस** तथा 10-16 अप्रैल को **रेल सप्ताह** मनाया जाता है।

- भारतीय रेलवे का **सबसे ऊंचा रेलवे स्टेशन** 'घूम' है जो समुद्रतल से 2257 मीटर ऊंचा है। यह रेलवे स्टेशन, दक्षिण-पूर्व रेलवे के वाल्टेयर मंडल कोट्टावालासा और किरान्डुल रेलवे खंड में है।

- भारतीय रेलवे में **अधिकतम रेलवे सुरंगों वाला रेल खंड** उत्तर रेलवे का कालका-शिमला खंड है जिस पर 103 सुरंगें हैं।

- भारतीय रेल में **तृतीय श्रेणी की व्यवस्था** 1974 से समाप्त कर दी गई है।

- वर्ष 2020 तक पूर्वोत्तर भारत के सभी राज्यों की राजधानियों को बड़ी लाइन (Broad Gauge) की रेल सेवा से जोड़ देने की केंद्र सरकार की योजना है। सिक्किम का शेष भारत के साथ रेल संपर्क स्थापित करने की योजना को केंद्र सरकार ने वर्ष 2008 में मंजूरी दी है। इस योजना के तहत बड़ी लाइन (Broad Gauge) रेलमार्ग का निर्माण रंगपो (सिक्किम) से सिवोक (पं. बंगाल) तक किया जाएगा।

- भारत में **सबसे उत्तर** में स्थित रेलवे स्टेशन जम्मूतवी और **सबसे दक्षिण** में कन्याकुमारी है।

- भारतीय रेलवे का **सबसे लंबा नदी रेलवे पुल** (नेहरू सेतु) डेहरी-ऑन-सोन रेलवे पुल है जो पूर्व-मध्य रेलवे के मुगलसराय मंडल में डेहरी-ऑन-सोन तथा सोननगर जंक्शन रेलवे स्टेशन के बीच अवस्थित है जो हावड़ा-मुगलसराय रेलमार्ग में पड़ता है। यह बिहार राज्य के सोन नदी के ऊपर बना है। उस पर दोहरी लाइन विद्युतीकृत रेल लाइन बिछी है। यह पुल 3064 मीटर लंबा है तथा इस पर पहली रेलगाड़ी 27 फरवरी, 1900 को चली थी।

- **विश्व का सबसे लंबा रेलवे प्लेटफार्म** 'गोरखपुर' में है जो 1355.4 मीटर लंबा है। यह पूर्वोत्तर रेलवे में है।

- भारतीय रेलवे का सबसे लंबा यार्ड मुगलसराय में है जो पूर्व-मध्य रेलवे में है।

- 5-12 वर्ष तक के बच्चों का आधा टिकट लगता है जबकि 60 वर्ष या इससे अधिक उम्र के वरिष्ठ नागरिकों (पुरुष) को किराए में 40% छूट मिलती है। 58 वर्ष से अधिक उम्र की वरिष्ठ नागरिक (महिला) को किराए में 50% छूट मिलती है। **भारतीय रेलवे के किराए में कुल 30 प्रकार की छूट मिलती है।**

- भारत में **रेलवे संग्रहालय** नई दिल्ली और मैसूर में है तथा ऐसे ही रेलवे संग्रहालय का निर्माण वाराणसी एवं चेन्नई में प्रस्तावित है।

- भारत में सबसे बड़ी आमदनी का माध्यम माल-भाड़ा है।

- भारतीय रेलवे में सबसे अधिक खर्चा कर्मचारियों के वेतन भुगतान के रूप में होता है।

रेलवे प्रशिक्षण संस्थान

- रेलवे स्टाफ कॉलेज - बड़ौदा, गुजरात
- इंडियन रेलवेज इंस्टीट्यूट ऑफ एडवांस्ड ट्रैक टेक्नोलॉजी - पुणे, महाराष्ट्र

- इंडियन रेलवेज इंस्टीट्यूट ऑफ सिग्नल इंजीनियरिंग एंड टेली-कम्यूनीकेशंस-सिकंदराबाद, आंध्र-प्रदेश
- इंडियन रेलवेज इंस्टीट्यूट ऑफ मेकेनिकल एंड इलेक्ट्रीकल इंजीनियरिंग-जमालपुर, बिहार
- इंडियन रेलवेज इंस्टीट्यूट ऑफ इलेक्ट्रीकल इंजीनियरिंग-नासिक, महाराष्ट्र।

❑❑❑

14 | बहुविकल्पीय प्रश्नोत्तर

1. भारतीय रेल का विश्व में कौन-सा स्थान है?
   (A) प्रथम
   (B) द्वितीय
   (C) तृतीय
   (D) चतुर्थ

2. वर्तमान में रेलवे कर्मचारियों की भर्ती हेतु कितने रेलवे भर्ती बोर्ड हैं?
   (A) 19
   (B) 17
   (C) 20
   (D) 21

3. भारत के निम्न में से किस राज्य में रेलवे लाइन नहीं है?
   (A) गोवा
   (B) मिजोरम
   (C) सिक्किम
   (D) नगालैंड

4. वर्तमान में भारत में रेलवे जोन तथा रेलवे डिवीजन की संख्या क्रमशः है—
   (A) 17 तथा 71
   (B) 17 तथा 44
   (C) 15 तथा 71
   (D) 15 तथा 44

5. भारतीय रेल द्वारा अपने परिचालन के 150 वर्ष कब पूरे किये गए?
   (A) 2002 में
   (B) 2003 में
   (C) 2004 में
   (D) 2005 में

6. अनुसंधान, डिजाइन और मानक संगठन (RDSO) भारत में कहां स्थित है?
   (A) नई दिल्ली
   (B) लखनऊ
   (C) कानपुर
   (D) बंगलुरू

7. भारतीय रेल में तृतीय श्रेणी कब से समाप्त कर दी गई है?
   (A) 1974 से
   (B) 1975 से
   (C) 1976 से
   (D) 1977 से

8. विश्व का प्राचीनतम चालू भाप रेल इंजन (Steam Locomotive) 1855 में कहां निर्मित हुआ था?

(A) भारत   (B) ब्रिटेन

(C) जर्मनी   (D) जापान

9. भारत में द्वितीय रेलगाड़ी हावड़ा से हुगली तक (38 किमी.) किस वर्ष चलाई गई थी?

(A) 1856 में   (B) 1854 में

(C) 1855 में   (D) 1857 में

10. ब्रॉड गेज (Broad Gauge) के पटरियों के मध्य की चौड़ाई कितनी होती है?

(A) 1.507 मी.   (B) 1.676 मी.

(C) 1 मी.   (D) 6.092 मी.

11. भारत का सबसे बड़ा रेल यार्ड कहां है?

(A) सोनपुर   (B) जमालपुर

(C) आसनसोल   (D) मुगलसराय

12. रेलवे के 150 वर्ष पूरे होने के अवसर पर इसका शुभंकर (Mascot) निम्न में से क्या था?

(A) गोलू गार्ड   (B) भोलू गार्ड

(C) मिली गार्ड   (D) लिली गार्ड

13. पूर्वोत्तर राज्यों में से किस राज्य में सबसे लंबी रेल लाइन का विस्तार है?

(A) नगालैंड   (B) मणिपुर

(C) असोम   (D) अरुणाचल प्रदेश

14. भारत में सबसे ऊंचाई पर स्थित रेलवे स्टेशन निम्न में से कौन-सा है?

(A) खड़गपुर   (B) सोनपुर

(C) सिलीगुड़ी   (D) मुगलसराय

15. भारत में प्रथम रेलवे लाइन किसके शासनकाल में बिछाई गई?

(A) लार्ड डलहौजी   (B) लार्ड केनिंग

(C) एलिजाबेथ   (D) पं. नेहरू

16. चेन्नई उपनगरीय सेक्शन का विद्युतीकरण कब हुआ था?

(A) 1930 में   (B) 1924 में

(C) 1932 में   (D) 1931 में

17. वर्तमान में सबसे लंबी दूरी तय करने वाली रेलगाड़ी निम्न में से कौन-सी है?

(A) राजधानी एक्सप्रेस   (B) शताब्दी एक्सप्रेस

(C) हिमगिरी एक्सप्रेस   (D) विवेक एक्सप्रेस

18. भारतीय रेलवे ने अपना रेल शताब्दी समारोह किस वर्ष मनाया था?

(A) 16 अप्रैल, 1853
(B) 16 मई, 1953
(C) 16 जून, 1853
(D) 16 अप्रैल, 1953

19. अपनी 150वीं वर्षगांठ को भारतीय रेलवे ने किस वर्ष के रूप में मनाने की घोषणा की थी?

(A) यात्री सुविधा वर्ष
(B) पर्यटन वर्ष
(C) माल ढुलाई वर्ष
(D) इनमें से कोई नहीं

20. विश्व का सबसे लंबा रेलवे प्लेटफार्म भारत में कहां स्थित है?

(A) हावड़ा में
(B) गोरखपुर में
(C) खड़गपुर में
(D) मुगलसराय में

21. भारतीय रेलवे एक्ट किस वर्ष पारित हुआ था?

(A) 1790 में
(B) 1890 में
(C) 1870 में
(D) 1950 में

22. गतिमान एक्सप्रेस की शुरूआत कब की गई?

(A) 5 अप्रैल, 2016
(B) 10 मार्च, 2015
(C) 2 जून, 2017
(D) 8 जनवरी, 2016

23. भारतीय रेलवे का राष्ट्रीयकरण (Nationalisation) किस वर्ष किया गया?

(A) 1951 में
(B) 1949 में
(C) 1950 में
(D) 1952 में

24. रेल परिवहन संग्रहालय कहां है?

(A) मुंबई
(B) हैदराबाद
(C) मुगलसराय
(D) नई दिल्ली

25. कोलकाता में मेट्रो ट्रेन का उद्घाटन कब हुआ?

(A) 1980 में
(B) 1981 में
(C) 1982 में
(D) 1984 में

26. एशिया में भारतीय रेल का कौन-सा स्थान है?

(A) प्रथम
(B) द्वितीय
(C) तृतीय
(D) चतुर्थ

27. जम्मू शहर भारत रेल के मानचित्र पर कब आया?

(A) 1971 में
(B) 1972 में
(C) 1974 में
(D) 1975 में

28. चितरंजन लोकोमोटिव द्वारा प्रथम विद्युत इंजन का निर्माण कब किया गया?

(A) 1961 में (B) 1964 में

(C) 1963 में (D) 1970 में

29. भारत में रेलवे संग्रहालय नई दिल्ली के अतिरिक्त और कहां है?

(A) वाराणसी (B) चेन्नई

(C) मैसूर (D) कोलकाता

30. भारतीय रेल की 150 वीं वर्षगांठ पर **'भोलू गार्ड'** को शुभंकर (Mascot) के रूप में किसके द्वारा जारी किया गया था?

(A) रेलमंत्री (B) प्रधानमंत्री

(C) गृहमंत्री (D) मानव संसाधन विकास मंत्री

31. किस समिति के सुझाव पर रेल बजट को सामान्य बजट से अलग किया गया?

(A) एक्टवर्थ समिति (Actworth Committee)

(B) कैनिंग समिति (Canning Committee)

(C) विक्टोरिया समिति (Victoria Committee)

(D) इनमें से कोई नहीं

32. 'आरडीएसओ' (RDSO-Research, Designs and Standards Organization) की स्थापना किस वर्ष हुई?

(A) 1955 में (B) 1956 में

(C) 1957 में (D) 1958 में

33. केंद्र सरकार के कर्मियों के कुल संख्या का कितना भाग रेलवे में नियोजित है?

(A) 35% (B) 40%

(C) 45% (D) 50%

34. रेल टिकट अपग्रेडेशन योजना (Rail Ticket Up-gradation Scheme) कब शुरू की गई?

(A) 26 जनवरी, 2006 से (B) 26 जनवरी, 2007 से

(C) 26 जनवरी, 2008 से (D) 26 जनवरी, 2009 से

35. भारत में पहली गरीब रथ एक्सप्रेस रेलगाड़ी का परिचालन किन दो स्टेशनों के बीच आरम्भ किया गया?

(A) पटना-निजामुद्दीन (B) पटना-अमृतसर

(C) पटना-सहरसा (D) पटना-दिल्ली

36. भारत में रेल इंजनों का निर्माण निम्न में से कहां-कहां किया जाता है?

(A) चित्तरंजन लोकोमोटिव वर्क्स, आसनसोल (पं. बंगाल)

(B) डीजल लोकोमोटिव वर्क्स, वाराणसी (उ. प्रदेश)

(C) भारत हैवी इलेक्ट्रीकल्स लि. (भेल), भोपाल (म.प्र.)

(D) इनमें से सभी जगह

37. भारतीय रेल मार्ग का कितना प्रतिशत भाग विद्युतीकृत है?

(A) 25 प्रतिशत   (B) 26 प्रतिशत

(C) 48.26 प्रतिशत   (D) 30 प्रतिशत

38. देश में पहली जन-शताब्दी एक्सप्रेस कब चलाई गई?

(A) 16 अप्रैल, 2002   (B) 19 अप्रैल, 2002

(C) 27 जून 2002   (D) 29 जून 2002

39. भारत का पहला विद्युतीकृत रेलमार्ग निम्न में से कौन-सा है?

(A) मुंबई-थाणे   (B) दिल्ली-हावड़ा

(C) मुंबई-कुर्ला   (D) दिल्ली-कानपुर

40. भारत का पहला रेलवे क्षेत्र (Zone) निम्नलिखित में से कौन-सा है?

(A) मध्य-रेलवे   (B) पश्चिमी-रेलवे

(C) दक्षिणी-रेलवे   (D) उत्तरी-रेलवे

41. सबसे तेज गति (Fastest Speed) से चलने वाली रेलगाड़ी निम्नलिखित में से कौन-सी है?

(A) लखनऊ शताब्दी एक्सप्रेस   (B) भोपाल शताब्दी एक्सप्रेस

(C) अमृतसर शताब्दी एक्सप्रेस   (D) कोलकाता शताब्दी एक्सप्रेस

42. राष्ट्रीय रेल विकास योजना (RRVY) के तहत कौन-कौन सी योजनाएं शामिल हैं?

(A) स्वर्णिम चतुर्भुज परियोजना

(B) चार महासेतुओं के निर्माण की परियोजना

(C) बंदरगाहों से द्रुत संपर्क योजना

(D) उपर्युक्त में सभी

43. 'रक्षा कवच' है—

(A) टक्कर-प्रतिरोधक उपकिरण   (B) कोहरा-प्रतिरोधक उपकरण

(C) अग्नि-प्रतिरोधक उपकरण   (D) इनमें से कोई नहीं

44. देश की पहली जन-शताब्दी एक्सप्रेस किस मार्ग पर चलाई गई?

(A) मुंबई-मडगांव   (B) पटना-कटिहार

(C) लखनऊ-वाराणसी   (D) दिल्ली-भोपाल

45. ISO प्रमाणन प्राप्त रेलगाड़ियों की संख्या है–

(A) 13   (B) 15

(C) 17   (D) 19

46. रेल रक्षा पर बनी पहली समिति निम्न में से कौन-सी थी?

(A) वांचू समिति   (B) सीकरी समिति

(C) शाहनवाज समिति   (D) खन्ना समिति

47. भारतीय रेलवे ने ई-टिकटिंग (e-ticketing) की सुविधा कब से प्रारंभ की?

(A) जनवरी, 2005 से   (B) जनवरी, 2006 से

(C) जनवरी, 2007 से   (D) जनवरी, 2008 से

48. भारत में पहली एवं बहुचर्चित पर्यटक रेलगाड़ी **पैलेस ऑन व्हील्स** किस वर्ष से शुरू हुई?

(A) 1982 से   (B) 1985 से

(C) 1991 से   (D) 1995 से

49. रेलवे की फालतू पड़ी जमीन को व्यावसायिक उपयोग के लिए उपलब्ध कराने के लिए किस संस्था का गठन किया गया है?

(A) रेल लैंड डवलपमेंट बोर्ड   (B) रेल लैंड डवलपमेंट अथॉरिटी

(C) रेल लैंड डवलपमेंट सोसाइटी   (D) उपर्युक्त में से कोई नहीं

50. कोंकण रेल परियोजना में शामिल राज्यों की संख्या क्या है?

(A) 2   (B) 3

(C) 4   (D) 5

51. निम्नलिखित में से कौन-सी रेलगाड़ी भारत और पाकिस्तान के बीच चलती है?

(A) डेजर्ट लिंक सेवा   (B) मरूधर एक्सप्रेस

(C) थार एक्सप्रेस   (D) अमन एक्सप्रेस

52. पहली गरीब रथ रेलगाड़ी कब चलाई गई?

(A) फरवरी, 2006   (B) फरवरी, 2007

(C) अक्टूबर, 2006   (D) नवंबर, 2006

53. वर्तमान में रेलवे ट्रैक पर बिना चौकीदार वाले समपारों (Level Crossings) की संख्या कितनी है?

(A) 23,500   (B) 7,701

(C) 25,250   (D) 30,350

54. पूर्वोत्तर भारत के सभी राज्यों की राजधानियों को कब तक रेल सेवा से जोड़ देने की सरकार की योजना है?

(A) 2020   (B) 2025

(C) 2030   (D) 2035

55. मालवाहक गलियारा परियोजना (Frieght Corridor-Project) का मुख्य उद्देश्य निम्न में से क्या है?

(A) मालवाहक गाड़ियों के लिए अलग रेल लाइन का निर्माण

(B) मालवाहक गाड़ियों के लिए भंडार का निर्माण

(C) मालवाहक गाड़ियों के लिए हल्के डिब्बे का निर्माण

(D) इनमें से सभी

56. निम्न में से किस रेल खंड पर ऑटोमेटिक सिग्नलिंग सिस्टम लगाया गया है?

(A) मुगलसराय-गया खंड पर   (B) कटिहार-हाजीपुर खंड पर

(C) गाजियाबाद-कानपुर खंड पर   (D) आसनसोल-धनबाद खंड पर

57. भारतीय रेलवे ने 'रेलयात्री बीमा योजना' कब लागू की थी?

(A) 1 अगस्त, 1994   (B) 15 मार्च, 2002

(C) 22 अप्रैल, 2000   (D) 18 दिसम्बर, 2004

58. भारतीय रेलवे द्वारा तैयार विश्व की प्रथम अस्पताल रेलगाड़ी **'लाइफलाइन एक्सप्रेस'** को कब शुरू किया गया?

(A) जुलाई, 2005 में   (B) जुलाई, 2006 में

(C) जुलाई, 2007 में   (D) जुलाई, 2008 में

59. बौद्ध तीर्थ स्थलों की परिक्रमा हेतु शुरू की गई विशेष रेलगाड़ी का नाम क्या है?

(A) महाबोधि स्पेशल   (B) महापरिनिर्वाण स्पेशल

(C) महात्मा बुद्ध स्पेशल   (D) धर्मचक्र स्पेशल

60. निम्न में से किस रेलगाड़ी में पायलट परियोजना के तहत **'ग्रीन टॉयलेट'** (Green Toilet) योजना को शुरू किया गया था?

(A) लखनऊ मेल में   (B) प्रयागराज एक्सप्रेस में

(C) सचखंड एक्सप्रेस में   (D) गोमती एक्सप्रेस में

61. 'स्वर्णिम रथ' (Golden Chariot) नामक लक्जरी पर्यटक रेलगाड़ी किस राज्य द्वारा शुरू की गई है?

(A) केरल   (B) तमिलनाडु

(C) कर्नाटक   (D) आंध्र प्रदेश

62. विश्व के प्रथम '**टॉकिंग रेल इंजन**' (Talking Rail Engine) का निर्माण किस देश में किया गया?

(A) अमेरिका   (B) ब्रिटेन

(C) भारत   (D) चीन

63. भारतीय रेलवे की '**क्वीन बी सेवा**' है–

(A) एक लक्जरी कोच सेवा   (B) एक ग्रीन टॉयलेट सेवा

(C) एक अस्पताल कोच सेवा   (D) इनमें से सभी

64. निम्न में से किस भारतीय पहाड़ी रेल सेवा के क्षेत्र को '**इको सेंसिटिव**' (Eco-Sensitive) क्षेत्र घोषित किया गया है?

(A) कालका-शिमला रेलवे   (B) माथेरान लाइट रेलवे

(C) नीलगिरि माउंट रेलवे   (D) दार्जिलिंग हिमालयन रेलवे

65. भारतीय रेल का सबसे नया क्षेत्र (Zone) निम्न में से कौन-सा है?

(A) पूर्वी तटीय रेलवे (ECoR)

(B) पश्चिमी तटीय रेलवे (WCoR)

(C) मेट्रो रेलवे (कोलकाता)

(D) इनमें से कोई नहीं

66. निम्न में से कितने भारतीय पर्वतीय रेल सेवाओं को यूनेस्को (UNESCO) की विश्व धरोधर स्थल (World of Heritage Site) के रूप में घोषित किया जा चुका है?

(A) एक   (B) दो

(C) तीन   (D) चार

67. भारत का सबसे बड़ा रेलवे क्षेत्र निम्न में से कौन-सा है?

(A) पूर्व रेलवे   (B) पश्चिमी रेलवे

(C) उत्तर रेलवे   (D) मध्य रेलवे

68. भारतीय रेलवे द्वारा एक समान रेलवे लाइन की परियोजना '**यूनीगेज प्रोजेक्ट**' (Uni-Gauge project) किस वर्ष शुरू की गई?

(A) 1992 में   (B) 1993 में

(C) 1994 में   (D) 1995 में

69. विश्व का सबसे लम्बा प्लेटफॉर्म गोरखपुर (उत्तर प्रदेश) में है, जिसकी लम्बाई ___ है।

(A) 1620 मी. (B) 1355.4 मी.

(C) 1705 मी. (D) 1350.8 मी.

70. 'रॉयल राजस्थान ऑन व्हील्स' रेलगाड़ी का परिचालन प्रारम्भ कब किया गया?

(A) 2006 (B) 2009

(C) 2007 (D) 2010

71. कोंकण रेलवे की सर्वाधिक लंबाई किस राज्य में है?

(A) महाराष्ट्र (B) कर्नाटक

(C) केरल (D) गोवा

72. निम्न में से कौन रेलमंत्री नहीं रहा?

(A) ममता बनर्जी (B) मेनका गांधी

(C) नीतीश कुमार (D) सी.के. जाफर शरीफ

73. भारतीय रेलमार्ग की कुल लंबाई कितनी है?

(A) 55,600 किमी (B) 60,350 किमी

(C) 66,687 किमी (D) 65,225 किमी

74. वर्तमान में रेलवे टिकट का अग्रिम आरक्षण (Advance Reservation) कितने दिनों पूर्व कराया जा सकता है?

(A) एक माह (B) तीन माह

(C) चार माह (D) दो माह

75. भारतीय रेलवे में टक्कररोधी उपकरण (ACD) **'रक्षा कवच'** का कार्यान्वयन सर्वप्रथम कहां किया गया?

(A) पूर्णिया स्टेशन पर (B) किशनगंज स्टेशन पर

(C) हावड़ा स्टेशन पर (D) मुगलसराय स्टेशन पर

76. **'रॉयल ओरियेंट'** (Royal Orient) नामक पर्यटक रेलगाड़ी निम्न में से किन दो राज्यों द्वारा चलाई जाती है?

(A) गुजरात-राजस्थान (B) हरियाणा-राजस्थान

(C) कर्नाटक-तमिलनाडु (D) उत्तर प्रदेश-हरियाणा

77. रेल सुरक्षा पर सुझाव हेतु **'खन्ना समिति'** का गठन किस वर्ष किया गया था?

(A) 1962 में (B) 1968 में

(C) 1978 में (D) 1998 में

78. राष्ट्रीय रेल विकास योजना (RRVY) की औपचारिक शुरूआत कब की गई थी?

   (A) 8 अगस्त, 2012   (B) 26 दिसम्बर, 2002

   (C) 12 फरवरी, 2012   (D) 15 जनवरी, 2003

79. उपनगरीय रेल सेवाओं (Suburban Rail Scheme) में बोगियों (Coaches) की संख्या प्रायः कितनी होती है?

   (A) 13   (B) 15

   (C) 17   (D) 20

80. **'लाइफ लाइन एक्सप्रेस'** रेल सेवा को निम्न में से किस नाम से जाना जाता है?

   (A) हॉस्पीटल-ऑन ह्वील्स (Hospital-on-Wheels)

   (B) डॉक्टर-ऑन ह्वील्स (Doctor-on-Wheels)

   (C) मेडिसीन-ऑन ह्वील्स (Medicine-on-Wheels)

   (D) इनमें से कोई नहीं

81. निम्न में से कौन-सा भारतीय स्टेशन विश्व के सर्वाधिक ऊंचाई पर स्थित दूसरा रेलवे स्टेशन है?

   (A) ऊटी   (B) शिमला

   (C) घूम   (D) इब

82. EMU का पूरा नाम क्या है-

   (A) Electric Mail Unit   (B) Electric Multiple Unit

   (C) Express Mange Unit   (D) Early Mail Unit

83. निम्न में से कौन-सा एक पर्वतीय रेल तकनीकी रूप से 'कॉग रेलवे' (Cog Railway) है?

   (A) माथेरान लाइट रेलवे

   (B) नीलगिरि माउंटेन रेलवे

   (C) दार्जिलिंग हिमालयन रेलवे

   (D) कालका-शिमला रेलवे

84. राजस्थान में पर्यटन को प्रोत्साहित करने के लिए पहली लक्जरी (Luxury) रेल-सेवा निम्न में से कौन-सी थी?

   (A) रॉयल राजस्थान ऑन ह्वील्स (Royal Rajasthan on Wheels)

   (B) पैलेस ऑन ह्वील्स (Palace on Wheels)

   (C) हेरिटेज ऑन ह्वील्स (Heritage on Wheels)

   (D) रॉयल ओरियंट (Royal Orient)

85. मुंबई स्थित रेलवे स्टेशन छत्रपति शिवाजी टर्मिनस का पूर्व नाम निम्न में से क्या था?

(A) लोकमान्य टर्मिनस   (B) विक्टोरिया टर्मिनस

(C) ऐलिजाबेथ टर्मिनस   (D) रमाबाई टर्मिनस

86. कोलकाता मेट्रो को रेलवे का 17वाँ जोन किस वर्ष बनाया गया?

(A) 2009   (B) 2011

(C) 2012   (D) 2010

87. निम्न में से कौन-सी राजधानी एक्सप्रेस 528 किमी की दूरी बिना रुके (Non-Stop) तय करती है?

(A) हावड़ा राजधानी एक्सप्रेस   (B) पटना राजधानी एक्सप्रेस

(C) गुवाहाटी राजधानी एक्सप्रेस   (D) त्रिवेंद्रम राजधानी एक्सप्रेस

88. रेलवे के अवसंरचनात्मक एवं अनुसंधान कार्यों में सुधार हेतु निम्न में से किस भारतीय प्रबंधन संस्थान में एक चेयर की स्थापना की गई है?

(A) भारतीय प्रबंधन संस्थान, अहमदाबाद

(B) भारतीय प्रबंधन संस्थान, बंगलुरू

(C) भारतीय प्रबंधन संस्थान, कोलकाता

(D) भारतीय प्रबंधन संस्थान, लखनऊ

89. लार्ड डलहौजी के शासनकाल में चलाई गई पहली भारतीय रेल का नाम क्या था?

(A) ब्लैक ब्यूटी   (B) रेड ब्यूटी

(C) रेड क्वीन   (D) ब्लैक क्वीन

90. भारत की महत्त्वाकांक्षी रेल परियोजना '**कोंकण रेलवे**' कितने वर्षों के रिकॉर्ड समय में पूरी हुई?

(A) 3 वर्ष   (B) 7 वर्ष

(C) 9 वर्ष   (D) 5 वर्ष

91. देश भर में '**ट्रेन इंक्वायरी सेवा**' के लिए चालू किया गया नया नंबर क्या है?

(A) 139   (B) 138

(C) 137   (D) 136

92. भारतीय रेलवे द्वारा कश्मीर घाटी में निर्मित किया जा रहा विश्व का सर्वाधिक ऊंचा पुल निम्न में से किस नदी पर है?

(A) झेलम   (B) चिनाब

(C) सतलज   (D) ब्यास

93. **'आज़ादी एक्सप्रेस'** नामक प्रदर्शनी ट्रेन प्रथम भारतीय स्वतंत्रता संग्राम (1857) के किस वर्षगांठ पर शुरू की गई?

(A) 100 वीं   (B) 125 वीं

(C) 150 वीं   (D) 200 वीं

94. निम्न में से किस वर्ष को **'रेलवे यात्री वर्ष'** के रूप में घोषित किया गया था?

(A) 2000-2001   (B) 1999-2000

(C) 1998-1999   (D) 1997-1998

95. भारत-पाकिस्तान के मध्य चलने वाली पहली रेलगाड़ी निम्न में से कौन-सी थी?

(A) लाहौर एक्सप्रेस   (B) थार एक्सप्रेस

(C) समझौता एक्सप्रेस   (D) अमन एक्सप्रेस

96. **'रेलयात्री बीमा योजना'** किस वर्ष शुरू की गई?

(A) जुलाई, 1993 में   (B) मई, 1995 में

(C) अप्रैल, 2000 में   (D) अगस्त, 1994 में

97. भारत में सबसे बड़ा नियोक्ता निम्न में से कौन है?

(A) बैंकिंग   (B) टिस्को

(C) रेलवे   (D) वाल्को

98. 1844 में ईस्ट इंडिया रेलवे कंपनी बनाने का विचार किसका था?

(A) लार्ड डलहौजी   (B) लार्ड हार्डिंग

(C) लार्ड कैनिंग   (D) आर.एम.स्टीफेंसन

99. E.I.R एवं G.I.P.R को रेलवे मैनेजमेंट में अधिकार व स्थान किस वर्ष दिया गया?

(A) 1924 में   (B) 1925 में

(C) 1926 में   (D) 1937 में

100. 1988 में भारतीय रेलवे ने कंप्यूटर द्वारा आरक्षण प्रणाली के साथ ही किन विशिष्ट ट्रेनों के परिचालन की शुरुआत की?

(A) राजधानी एक्सप्रेस   (B) इंटरसिटी एक्सप्रेस

(C) शताब्दी एक्सप्रेस   (D) जन-शताब्दी एक्सप्रेस

101. भारतीय रेलवे ने भाप इंजन (Steam Locomotive) का निर्माण किस वर्ष बंद कर दिया?

(A) 1971 में   (B) 1972 में

(C) 1981 में   (D) 1982 में

102. 1980 में प्रथम डबल डेकर **'वृंदावन एक्सप्रेस'** का परिचालन किस-किसके बीच शुरू की गई थी?

(A) मुम्बई-थाणे   (B) चेन्नई-बंगलुरू

(C) लखनऊ-अमृतसर   (D) पटना-कोलकाता

103. भारतीय रेलवे में कर्मचारियों की नियुक्ति निम्नलिखित में से किसके द्वारा नहीं की जाती है?

(A) रेल मुख्यालयों द्वारा   (B) रेलवे भर्ती बोर्ड द्वारा

(C) संघ लोक सेवा आयोग द्वारा   (D) राज्य लोक सेवा आयोग द्वारा

104. डीजल इंजन (Diesel Engine) की आयु लगभग होती है-

(A) 25 वर्ष   (B) 35 वर्ष

(C) 45 वर्ष   (D) 5 वर्ष

105. देश के सुपरफास्ट ट्रेनों के नंबर प्रायः किस अंक से प्रारंभ होते हैं?

(A) 2   (B) 3

(C) 4   (D) 5

106. निम्न में से कौन-सा रेलवे का मूलमंत्र नहीं है?

(A) सुरक्षा   (B) संरक्षा

(C) समय पालन   (D) दुर्घटना बीमा

107. वह ट्रेन जिसकी गति 100 किमी/घंटा से अधिक होती है, कहलाती है-

(A) फास्ट ट्रेन   (B) एक्सप्रेस ट्रेन

(C) सुपरफास्ट ट्रेन   (D) मेल ट्रेन

108. मीटर गेज (Metre Gauge) पर चलने वाली प्रथम सुपरफास्ट ट्रेन 'पिंक सिटी एक्सप्रेस' किस-किसके बीच चली थी?

(A) दिल्ली-जयपुर   (B) मुंबई-चेन्नई

(C) पटना-नई दिल्ली   (D) लखनऊ-कानपुर

109. निम्न में से कहां रेलवे भर्ती बोर्ड नहीं है?

(A) गोरखपुर   (B) दिल्ली

(C) मालदा   (D) अहमदाबाद

110. डीजल इंजन (Diesel Engine) की क्षमता होती है-

(A) 20,000 लीटर   (B) 25,000 लीटर

(C) 5,000 लीटर   (D) 15,000 लीटर

111. वह ट्रेन जो सभी स्टेशनों पर रूकती हुई चलती है, क्या कहलाती है?

(A) गुड्स ट्रेन   (B) एक्सप्रेस ट्रेन

(C) पैसेंजर ट्रेन   (D) मेल ट्रेन

112. '**बुलेट ट्रेन**' (Bullet Train) की गति सीमा होती है-

(A) 400 किमी/घंटा   (B) 500 किमी/घंटा

(C) 600 किमी/घंटा   (D) 700 किमी/घंटा

113. देश में रेलवे के 150 वर्ष पूर्ण होने के उपलक्ष्य में सरकार ने 1 सिंतबर, 2003 को कितने-कितने मूल्य के विशेष स्मारक सिक्के जारी किए?

(A) 2 और 5   (B) 5 और 50

(C) 2 और 100   (D) 20 और 100

114. निम्न से किस रेलमार्ग पर '**बुलेट ट्रेन**' चलाने की रेलवे की योजना है?

(A) मुंबई-मडगांव के मध्य   (B) मुंबई-अहमदाबाद के मध्य

(C) लखनऊ-वाराणसी के मध्य   (D) अमृतसर-नई दिल्ली के मध्य

115. निम्न में से कौन सा युग्म सुमेलित नहीं है?

	वर्ष	घटना
(A)	1974	राइट्स का शुभारंभ
(B)	1976	इरकॉन का शुभारंभ
(C)	1979	COFMOW की स्थापना
(D)	1975	WAR ट्रांसपोर्ट की स्थापना

116. सर्वप्रथम किस रेलवे स्टेशन पर विद्युत चालित स्वचालित सीढ़ियां लगाई गई?

(A) नई दिल्ली रेलवे स्टेशन   (B) कोलकाता रेलवे स्टेशन

(C) चेन्नई रेलवे स्टेशन   (D) बंगलुरू रेलवे स्टेशन

117. '**रेलवे संग्रहालय**' का निर्माण निम्न में से किन दो जगहों पर प्रस्तावित है?

(A) वाराणसी एवं चेन्नई   (B) पटना एवं वाराणसी

(C) बंगलुरू एवं हैदराबाद   (D) कोलकाता एवं चंडीगढ़

118. भारतीय रेलवे के किराए में कुल कितने प्रकार की छूट मिलती है?

(A) 20   (B) 25

(C) 30   (D) 35

119. विश्व के सबसे लंबे प्लेटफार्म के रूप में चर्चित '**गोरखपुर**' किस रेल क्षेत्र (Zone) के अंतर्गत आता है?

    (A) पूर्वोत्तर रेलवे   (B) पूर्व रेलवे
    (C) दक्षिण-मध्य रेलवे   (D) पूर्वी-तटीय रेलवे

120. निम्न में से कौन-सी उपनगरीय रेल सेवा (Suburban Rail Service) सबसे पहली इस प्रकार की रेल सेवा है?

    (A) मुंबई   (B) दिल्ली
    (C) चेन्नई   (D) कोलकाता

121. रेलवे पुलिस को कानून व्यवस्था के रख-रखाव के लिए सरकारी पुलिस के रूप में कब संगठित किया गया?

    (A) 1878   (B) 1952
    (C) 1872   (D) 1913

122. भारत की एकमात्र पहाड़ी रेल सेवा (Hill Rail Service) जो मीटर गेज (Metre Gauge) की रेल सेवा है?

    (A) नीलगिरि माउंटन रेलवे   (B) कालका-शिमला रेलवे
    (C) माथेरान लाइट रेलवे   (D) कांगड़ा घाटी रेलवे

123. वातानुकूलित प्रथम दर्जा (AC Ist Class) के रेल टिकट का रंग होता है?

    (A) नारंगी   (B) सफेद
    (C) हरा   (D) पीला

124. भारतीय रेलवे का लक्ष्य है-

    (A) समय पालन   (B) स्वच्छता
    (C) बेहतर यात्री सुविधाएं   (D) इनमें से सभी

125. चितरंजन रेल इंजन कारखाना की स्थापना किस प्रकार के इंजनों के निर्माण के लिए की गयी थी?

    (A) भाप इंजन (Steam Engine)
    (B) डीजल इंजन (Diesel Engine)
    (C) विद्युत इंजन (Electric Engine)
    (D) इनमें से सभी

126. किस वर्ष से भाप इंजन का निर्माण चितरंजन रेल इंजन कारखाना में बंद कर दिया गया?

    (A) 1961 से   (B) 1971 से
    (C) 1981 से   (D) 1991 से

127. नई दिल्ली स्थित रेल ट्रांसपोर्ट म्यूजियम की स्थापना किस वर्ष की गई थी?

    (A) 1975   (B) 1976
    (C) 1977   (D) 1978

128. 'हिमसागर एक्सप्रेस' कितने राज्यों से होकर गुजरती है?

(A) 7   (B) 9

(C) 11   (D) 13

129. प्रथम शताब्दी एक्सप्रेस 10 जुलाई, 1988 को किस मार्ग पर चलाई गई?

(A) नई दिल्ली-झांसी   (B) नई दिल्ली-अमृतसर

(C) नई दिल्ली-लखनऊ   (D) नई दिल्ली-चंडीगढ़

130. देश में प्रथम राजधानी एक्सप्रेस किस वर्ष शुरू हुई?

(A) 1 मार्च, 1969   (B) 1 अप्रैल, 1969

(C) 1 मार्च, 1970   (D) 1 अप्रैल, 1970

131. वर्तमान में देश में कितनी शताब्दी एक्सप्रेस रेलगाड़ियों का परिचालन किया जा रहा है?

(A) 23   (B) 19

(C) 16   (D) 17

132. सुपरफास्ट एक्सप्रेस रेलगाड़ियों की ब्रॉड गेज (Broad Gauge) पर औसत गति होती है–

(A) 45 किमी/घंटा   (B) 50 किमी/घंटा

(C) 55 किमी/घंटा   (D) 60 किमी/घंटा

133. मुंबई उपनगरीय रेल सेवा में 'महिला स्पेशल ट्रेन सेवा' का परिचालन किस वर्ष प्रारंभ किया गया?

(A) 1992 में   (B) 1993 में

(C) 1994 में   (D) 1995 में

134. भारतीय रेलवे की सर्वप्रथम ब्रॉडगेज सुपरफास्ट ट्रेन (नई दिल्ली से हावड़ा के मध्य) का नाम था–

(A) राजधानी एक्सप्रेस   (B) दीन बंधु एक्सप्रेस

(C) संपर्क क्रांति एक्सप्रेस   (D) इनमें से कोई नहीं

135. भारतीय रेलवे में सर्वप्रथम कंप्यूटरीकृत यात्री आरक्षण व्यवस्था नवंबर, 1985 में कहां से शुरू की गई?

(A) कोलकाता से   (B) नई दिल्ली से

(C) चेन्नई से   (D) मुंबई से

136. भारत के पहले स्वदेशी भाप इंजन (Steam Locomotive) का नाम क्या था?

(A) एफ-734   (B) एम-734

(C) एल-734   (D) एस-734

137. कोंकण रेलवे की सबसे लंबी सुरंग (मंकी हिल से खंडाला के मध्य) की लंबाई है?

(A) 15,00 मीटर   (B) 18,00 मीटर

(C) 2,000 मीटर   (D) 21,00 मीटर

138. भारतीय रेलवे की पहली महिला ड्राइवर निम्न में कौन थीं?

(A) सुश्री मुमताज काथावाला   (B) सुश्री सुरेखा भोंसले

(C) सुश्री एम. लक्ष्मी   (D) इनमें से कोई नहीं

139. भारत में सर्वप्रथम रेल दुर्घटना किस वर्ष हुई?

(A) 25 जनवरी, 1869 में   (B) 27 जनवरी, 1900 में

(C) 25 जनवरी, 1901 में   (D) 30 जनवरी, 1925 में

140. प्रतिवर्ष '**रेल दिवस**' कब मनाया जाता है?

(A) 13 अप्रैल को   (B) 14 अप्रैल को

(C) 15 अप्रैल को   (D) 16 अप्रैल को

141. निम्न में से किस रेलवे क्षेत्र (Zone) में सर्वाधिक रेलवे सुरंगें हैं?

(A) पूर्व रेलवे   (B) उत्तर रेलवे

(C) पश्चिम रेलवे   (D) दक्षिण रेलवे

142. भारतीय रेल में तृतीय श्रेणी की व्यवस्था कब समाप्त कर दी गई?

(A) 1971 में   (B) 1972 में

(C) 1973 में   (D) 1974 में

143. '**डेहरी-ऑन-सोन**' में स्थित **भारतीय रेलवे का सबसे लंबा नदी रेलवे पुल** किस नदी पर है?

(A) सोन   (B) गंगा

(C) पुनपुन   (D) स्वर्णरेखा

144. भारतीय रेलवे का सबसे लंबा रेलवे यार्ड 'मुगलसराय' किस रेलवे क्षेत्र (Zone) के अंतर्गत आता है?

(A) उत्तर रेलवे   (B) पूर्व-मध्य रेलवे

(C) पूर्वोत्तर रेलवे   (D) उत्तर-मध्य रेलवे

145. वरिष्ठ नागरिकों (Senior Citizens) (पुरुष) को रेलवे द्वारा किराया में कितना प्रतिशत की छूट दी जाती है?

(A) 10 प्रतिशत	(B) 15 प्रतिशत
(C) 20 प्रतिशत	(D) 40 प्रतिशत

146. स्वचालित सिग्नल प्रणाली सर्वप्रथम (1928) किस रेलवे क्षेत्र (Zone) द्वारा शुरू की गई?

(A) उत्तर रेलवे	(B) मध्य रेलवे
(C) पश्चिमी रेलवे	(D) पूर्व रेलवे

147. तत्काल आरक्षण सेवा निम्न में से किस रेलगाड़ी से सर्वप्रथम (दिसंबर, 1997) प्रारंभ किया गया?

(A) नई दिल्ली-अमृतसर शताब्दी एक्सप्रेस

(B) नई दिल्ली-लखनऊ शताब्दी एक्सप्रेस

(C) नई दिल्ली-भोपाल शताब्दी एक्सप्रेस

(D) नई दिल्ली-चण्डीगढ़ शताब्दी एक्सप्रेस

148. सर्वप्रथम टेलीफोन (STD/ISD) सेवा किस रेलगाड़ी में प्रारंभ (1996) किया गया?

(A) नई दिल्ली-हावड़ा राजधानी एक्सप्रेस

(B) नई दिल्ली-गुवाहाटी राजधानी एक्सप्रेस

(C) मुंबई-नई दिल्ली राजधानी एक्सप्रेस

(D) नई दिल्ली-पटना राजधानी एक्सप्रेस

149. कोंकण रेलवे में भारतीय रेलवे की हिस्सेदारी कितनी है?

(A) 51%	(B) 49%
(C) 69%	(D) 31%

150. 'इरकॉन' (IRCON) का गठन कब किया गया था?

(A) 1967 में	(B) 1974 में
(C) 1976 में	(D) 1978 में।

उत्तरमाला

1. (D)	2. (A)	3. (C)	4. (A)
5. (A)	6. (B)	7. (A)	8. (B)
9. (B)	10. (B)	11. (D)	12. (B)
13. (C)	14. (C)	15. (A)	16. (D)
17. (D)	18. (D)	19. (A)	20. (B)

21. (B)	22. (A)	23. (A)	24. (D)
25. (D)	26. (B)	27. (B)	28. (A)
29. (C)	30. (B)	31. (A)	32. (C)
33. (B)	34. (A)	35. (B)	36. (D)
37. (C)	38. (A)	39. (C)	40. (C)
41. (B)	42. (D)	43. (A)	44. (A)
45. (A)	46. (C)	47. (B)	48. (A)
49. (B)	50. (C)	51. (C)	52. (C)
53. (B)	54. (A)	55. (A)	56. (C)
57. (A)	58. (C)	59. (B)	60. (B)
61. (C)	62. (C)	63. (A)	64. (B)
65. (C)	66. (C)	67. (C)	68. (A)
69. (B)	70. (B)	71. (A)	72. (B)
73. (C)	74. (C)	75. (B)	76. (A)
77. (D)	78. (B)	79. (B)	80. (A)
81. (C)	82. (B)	83. (B)	84. (B)
85. (B)	86. (B)	87. (D)	88. (A)
89. (A)	90. (C)	91. (A)	92. (B)
93. (C)	94. (A)	95. (C)	96. (D)
97. (C)	98. (D)	99. (B)	100. (C)
101. (A)	102. (B)	103. (D)	104. (A)
105. (A)	106. (D)	107. (C)	108. (A)
109. (B)	110. (B)	111. (C)	112. (A)
113. (C)	114. (B)	115. (D)	116. (B)
117. (A)	118. (C)	119. (A)	120. (A)
121. (C)	122. (A)	123. (B)	124. (D)
125. (A)	126. (B)	127. (C)	128. (C)
129. (A)	130. (A)	131. (A)	132. (C)
133. (A)	134. (A)	135. (B)	136. (A)
137. (D)	138. (B)	139. (A)	140. (D)
141. (B)	142. (D)	143. (A)	144. (B)
145. (D)	146. (B)	147. (A)	148 (C)
149. (A)	150. (C)